LI JIA CHENG

李嘉诚的故事

王艳娥◎主编

榜样的力量

榜样的力量是无穷的，好的榜样能给我们积极的思想、正确的行为、良好的习惯、完善的人格。树立了榜样就等于找到了自己前行的方向。

榜样是无比强大的力量源泉。

北方妇女儿童出版社

图书在版编目（ＣＩＰ）数据

李嘉诚的故事/王艳娥编著. -- 长春：北方妇女
儿童出版社，2010.2（2021.1重印）
（榜样的力量）
ISBN 978-7-5385-4361-2

Ⅰ.①李… Ⅱ.①王… Ⅲ.①李嘉诚—传记—少年读
物 Ⅳ.①K825.38-49

中国版本图书馆CIP数据核字(2010)第020214号

李嘉诚的故事

LIJIACHENG DE GUSHI

出 版 人：刘 刚

责任编辑：张 力　刘聪聪　于 潇

开　　本：650mm×960mm　1/16

印　　张：12

字　　数：128千字

版　　次：2010年2月第1版

印　　次：2021年1月第6次印刷

印　　刷：三河市三佳印刷装订有限公司

出　　版：北方妇女儿童出版社

发　　行：北方妇女儿童出版社

地　　址：长春市福祉大路5788号

电　　话：总编办：0431-81629600

定　　价：33.80元

序言

"江山代有才人出"，在人类历史的长河中，涌现出一大批影响世界的风云人物。他们或者是杰出的政治家，凭着超乎常人的坚强毅力为国家和民族的前途引路；或者是卓越的科学家，为探索自然奥秘、改善人类生活而不懈努力……总之，他们由于在某一方面做出了杰出的贡献，已成为历史长河中的航标，引领着人类走向更加深邃的精神世界和更加精彩的物质世界。

这套丛书不仅告诉你名人成功的事实，更重要的是展示他们奋斗的历程，展现他们在失败和挫折中所表现出的杰出品质，从中我们可以吸取一些有益的精神元素。

这套丛书具有以下几个特点：

一是人物全面。本套丛书精心选取了从古至今全世界40位具有代表性的政治家、科学家、文学家、艺术家……这些人物均在各自的领域做出了卓越的贡献，对人类历史产生了重大影响，因此被广为传颂。

二是角度新颖。本套丛书不是简单地堆砌名人的材料，而是选取他们富有代表性或趣味性的故事，以点带面，从而折射出他们波澜壮阔、充满传奇的人生和多姿多彩、各具特点的个性。

三是篇幅适当。每篇传记约10万字，保证轻松阅读。本套丛书线索清晰、语言简洁、可读性强，用作学生的课外读物十分理想，不会加重他们的负担。

四是一书多用。本丛书是一部精彩的名人故事集锦，能够极大地开阔青少年的视野，同时还可以作为中小学生的写作素材库。

培根说："用名人的事例激励孩子，胜过一切教育。"榜样的力量是无穷的，而名人是最好的榜样，向名人看齐，你将离成功更近！

　　李嘉诚生逢乱世，小小年纪便辗转香港，14岁时失去父亲。初中还没读完就被迫四处寻工，供养家庭。最后进入一家茶楼当伙计，每天不到5点就起床，拎着沉重的茶壶穿行在桌椅板凳之间，一天要工作16小时。他当过工人，做过推销员，但沉重的生活并没有削弱他的志气与雄心。相反，苦难与贫穷砥砺了他的意志与心气。他勤奋工作，努力学习，对生活充满了乐观，积极地追求未来。18岁就被提拔为经理。但他并没有满足，而是筹资建立自己的企业，在商海中奋力前行，最终成就了他华人第一首富的功业。

　　他勤奋好学，每到晚上，他仍然习惯性地阅读半小时，从不间断。他年老却不保守，能理解新一代人的想法。他的产业横跨多个领域，他却游刃有余，这都得益于他孜孜不倦的求学精神。他好思考，是个实干家。他的眼光着眼于未来10年，而一旦有成熟的想法，就会毫不犹豫地立刻执行。他待人诚恳，为人谦逊，关心下属，跟他相处，任何人都觉得如沐春风。他从来没有颐指气使的架势，他所到之处，总是一阵经久不息的自发的掌声。他的身家使他怎样挥霍都不过分，但是他的一双皮鞋穿了7年，而且不是真皮、更不是名牌。

　　我们也许不能学会李嘉诚超人的商业智慧，但我们至少应该学习超人的精神。他用自己的行为为华人树立了精神标杆，我们绝对不应该视而不见。

CONTENTS 目录

CONTENTS

第一章

艰辛童年

◆ 逆境求学
◆ 辗转香港
◆ 艰辛创业
◆ 学做港人
◆ 少年丧父

✳ 逆境求学 ✳

1928年7月29日(农历六月十三日)，李嘉诚出生于广东省潮州市，祖辈都是读书人，父亲李云经更是位教书先生。

作为这个大家庭的第一个儿子，李嘉诚受到了无尽的疼爱，父母更是视之为掌上明珠。小小的李嘉诚还在母亲温暖的怀里时，父亲就总忍不住一把把他抱起，满脸含笑地喊道："阿诚呵——我的大头诚呀，你快点长大啊！长大了爸爸教你读书。"

◎大头：在潮州一带，人们认为大头意味着长大后读书聪明。

李嘉诚的父亲是个正直而有见识的人，对儿子的疼爱并不妨碍对李嘉诚严格的要求。在他细心的教导下，小小的李嘉诚慢慢有了自信自强的品质，显示出了令人可喜的精神。

望子成龙心切的李云经，在李嘉诚刚满5岁时，就将他送到了潮州北门观海寺小学读书。学生入学的那天，要举行"进孔门"仪式。家长必须给孩子做上3道菜，即猪肝炒芹菜、豆干炒大葱和鲮（líng）鱼。孩子在吃完这3道菜时，家长便把孩子送到学校，还在孔子灵位前供奉一盘"明糖"，教孩子焚香祭拜孔子，请求孔圣人收为弟子，将来有好的前途。行完祭孔礼之后，孩子才入学了。

李嘉诚上学的那天，母亲做了3道菜给他，并对儿子讲了吃完这3道菜的好处。李嘉诚十分兴奋雀跃，就如同大多数孩子第一天上学时候的反应一样，对于新的生活充满了好奇与企盼。当然，也有一点点畏缩，但是，很快就被上学所带来的快乐冲散了。听着母亲的叮咛与祝愿，幼小的李嘉诚也下定了决心，一定要好好学习。

那时的学校，条件十分简陋，仅有的财产就是斑驳的黑板和粗糙的课桌。

李嘉诚继承了祖辈的勤奋好学，对学习充满了浓厚的兴趣。他天资聪颖，3岁就能咏《三字经》、《千家诗》，咏诗诵文，是李嘉诚儿童时代最大的乐趣。

"人之初，性本善；性相近，习相远"，小嘉诚正是在这些传统启蒙读物中，接受了中国文化最早的熏陶。上学的时候，他在班上年龄是最小的，但成绩是最好的。

在这个和睦的书香世家里，有一个面积不大但藏书甚多的小书库，李嘉诚的父亲、伯父、叔父所藏之书以及祖上遗留下来的书都集中于此，供家族里面所有人共同使用，李嘉诚经常是放学后就躲在这间小书房里如醉如痴地读书。书里的世界对于小小的他来说，是那样的瑰丽与新奇，以致于他常常为了读书废寝忘食。很多时，他在书房里点着煤油灯读书，一直到很晚都没有去睡。

所以李嘉诚虽然和所有的孩子一样爱玩耍，很调皮，但考试成绩总是名列前茅，数学成绩十之八九是满分，这让他的老师很是赞赏，很早就对李云经说过，李嘉诚的前途远大、不可限量。李云经非常欣慰，他常常激励儿子："学习是第一位的，现在你要做的就是搞好学习，争取次次第一。"李嘉诚经常海阔天空地去考虑问题，即使有很多书他不能看懂或似懂非懂，但他仍试着去理解、去领悟。在书房

的小小天地里，李嘉诚常常做着状元及第、衣锦还乡的好梦，对那些精忠报国的有识之士敬佩不已。

　　李云经每天哪怕再忙也要挤时间与儿子待一会儿，问问儿子的学习情况；和他聊聊天，或者父子俩一起去走走。聊天的内容很广阔，天南地北、奇闻趣事、野史英雄，这些都让李嘉诚小小的脑袋瓜得到了开发，让他明白外面还有一个很精彩广阔的世界。对儿子的功课，李云经要求认真、认真、再认真，不能出现任何一个大的错误。李云经常挂在嘴边的一句话是："踏踏实实做人，认认真真做事。"尽管小时候的李嘉诚还不可能完全理解这句话，但这句话却深深地烙在了他的心里；李嘉诚一生的严谨作风都出自于这一句话。李云经不仅引导李嘉诚走上了读书的道路，而且经常帮助他解决学习上的困难。令李嘉诚终生难忘的是，父亲经常陪他在灯下读书，对他的每个问题都耐心细致地解答，还常常鼓励他。李嘉诚的堂兄李嘉智回忆说："嘉诚从小就像个书虫，见书就会入迷，天生是读书的料子。原来一直以为他会像他父亲一样在讲台上实现价值。没想到最后他去香港，办实业成为巨富，我们都感到吃惊不小，真是世事难料啊！"

　　随着李嘉诚的成长，李云经在经济还不宽裕的情况下，经常购进一些适合儿子读的书，以此培养儿子的读书兴趣。

童年时期的李嘉诚就成了这间书房的常客，每天放学回家后，他就像小蜜蜂采蜜一样，一头钻进书堆中。这个小天地对于小嘉诚来说，是那么新鲜，那么奇特。在这里他开阔了眼界，丰富了知识，学会了做人处世的道理。在这里，父亲还经常给他讲岳飞、文天祥等爱国英雄的故事，教他懂得每一个人都对国家、民族有着神圣的责任。

李云经只要有闲暇时间，总要陪着儿子一块玩。李云经喜欢带着小嘉诚去看海。海的壮美与浩淼（miǎo），令李嘉诚欢呼雀跃，在海边玩耍的时光，是李嘉诚童年最珍贵的回忆之一。海的气势、气度、气魄，在不知不觉中博大了小嘉诚的心，让他的心中充满激情和力量。

还是在小嘉诚进学校不久的一天，李云经带着儿子去汕头看大海。那天天气格外晴朗，父子坐在海滩上，观看宽阔的海面上千帆竞发、往来如梭的船只，小嘉诚被神奇的大海所吸引。此时，李云经还为儿子讲述了《圣经》上的一个故事，《圣经》上说，人是上帝所造，人类最初是带着罪恶的烙印来到世间的，那时的暴力和罪恶充满人间，对此，主宰人类的上帝耶和华决定将他所造的人和动物从地球上统统消灭，以此结束这个罪恶的人世，同时，留下新的一代人类，建立一个充满快乐、幸福的新世界。于是在他们中间选择了一个叫诺亚的善良的一家人，并让诺亚和他的儿子们用哥斐木造了一只方舟，并将方舟的里外抹上松香。7天后，天上下起了滂沱大雨，这场大雨一直下了40个昼夜，大地上的人类、走兽、飞鸟等一切生灵都被淹死了，只有诺亚的全家及动物乘坐他们造的方舟漂荡在茫茫水面上免此一劫。自此，

诺亚方舟被人们视为人类万物复苏的希望之舟。

李嘉诚偎坐在父亲的身边，一边听着父亲讲述的美妙故事，一边用眼睛眺望着海面上航行的万吨巨轮，"这不也是诺亚造的方舟吗？"李嘉诚心中惊呼道。他对船产生了一种神奇与美慕的感情；他想，这船上的船长真了不起，一定是一个大英雄。于是，他忍不住从父亲怀中站起来，对爸爸喊道："爸爸，这不就是你讲的那个诺亚方舟吗？真了不起，我长大了也要当船长，去驾驶那最大的诺亚方舟。"

父亲爱抚地摸着李嘉诚的头说："你真是我们李家的好后代，有志气！"

停了一会，父亲又道："阿诚，你要知道，当一名船长必须想得很多很远，你看现在天气晴朗，海面上多么宁静，但你要知道，当你出海后，风暴来了，大海顿时会失去宁静的性格，波涛滚滚，桀骜不驯。当船长的必须提前想到这些，并提前做好迎接风暴的准备。阿诚，你要记住，长大后干任何事情就像做一名船长一样，要随时预先做好应付一切突发事件的准备。"李嘉诚将父亲的话铭刻在脑海里。

后来，李云经任宏安小学校长，李嘉诚就转入宏安小学就读。除上学外，李嘉诚还照顾父亲的起居。父子俩寄住的崇胜小学后面的一所房子，门口雕有一块牌匾，叫读月书斋。父子俩有谈不完的话题，而这些话题莫不围绕着书。

在书中，李嘉诚领略了另一个世界，其中有忧国忧民的屈原，仰天吟唱"路漫漫其修远兮，吾将上下而求索"；有屹立船头的李白，"朝辞白帝彩云间，千里江陵一日还"；也有萧瑟寒夜里的杜甫，悲愤高歌"安得广厦千万间，大庇天下寒士俱欢颜!"

李嘉诚年纪太小,还不大听得懂这些诗句,但心中却有一个非常清晰的念头:好好学习,出人头地,做出一番事业来;虽然他当时的理想是当一个教育家,而不是商人。

时局动荡,生活贫困,郁郁不得志的李云经,只能把希望寄托在儿子身上。

不过,李嘉诚优异的学习成绩,也算是给了做父亲的最大安慰。

如果不是时局动荡,家境艰难,李嘉诚可能会沿着教育之路一直走下去,学成之后就在家乡跟父亲一样当一名教师。不过他被迫从商之后从来也没有忘记父亲的教诲,李嘉诚后来曾回忆说,从商之初,他的理想依然是"赚一大笔钱,然后再去搞教育"。生逢乱世,李嘉诚的学业在战火中断断续续,但有一股超人的欲望在他的血液里一直不停地流淌,他那倔犟与顽强成就了一代商业枭雄。

✹ 辗转香港 ✹

1937年7月7日,抗日战争全面爆发。日本自19世纪下半叶明治维新开始,逐渐走上了富国强兵之路,成为当时亚洲第一强国。1937年7月,日本悍然挑起全面武装侵华战争,在其自诩文明的旗帜下面,干尽了灭绝人性的罪恶勾当,给中国人民带来了前所未有的苦难,使中华民族遭受了巨大的民族灾难。日军罪恶血腥的铁蹄踏破中国半壁山河,处于天

◎明治维新：1863年，日本开始明治维新，完成了从封建制度到资本主义制度的转变，摆脱了半殖民地半封建社会的命运，国力迅速增强，同时走上了对外扩张的道路。

涯一隅的潮汕也难逃劫难，从此山河破碎，民生处于水深火热之中。

父亲李云经转入郭垄小学任校长，整日忧心忡（chōng）忡，他积极投入抗日救亡运动，进行抗日宣传，自己也编写了许多优秀的、热情奔放的抗战歌曲和话剧。在他任教的崇圣小学和郭垄小学陆续出现了唱抗日歌曲、演抗战话剧、谈抗战救国、为前线募捐的热潮。

1939年6月，带有太阳旗标志的战机出现在潮汕上空，带来的是惨无人道的狂轰滥炸。迫于形势，所有的学校都停课放假。李嘉诚对最后一节课还记忆犹新，那天的每一幕都深深地刻在李嘉诚脑海中，毕生难忘。那是一节历史课，教室就是一间小庙，尽管情况危急，大部分学生仍按时来到了"学堂"。

历史老师眼含热泪告诉同学们，此时的中国正面临着前所未有的灾难，我们的国家正蒙受着巨大的耻辱，我们的民族也正处在生与死的紧要关头。在那一刻，李嘉诚的血沸腾了，拳拳爱国的热情在心中涌动。

6月22日，日军占领庵埠，李云经彻底失业，只好带着李嘉诚回到潮州老家。这时候，李嘉诚小学都没有毕业，升学无望，加上外面烽火连天，他不敢随意走出家门，只好躲进书房读书，畅游于书中的世界，他尤爱读陆游、岳飞、辛弃疾、文天祥等人的诗词，在书中他明白了许多人生道理，

这些都成了他后来经商和为人的基本行为准则。

那些日子，飘扬在潮州城头的"膏药旗"就像刺一样扎在人们的心坎上，大家想得最多的当然是如何逃出这是非之地。李云经经常与城里的有志人士聚在一起，秘密商议如何抗敌，不少热血青年直接投身抗战前线，李云经碍于上有老母，下有妻儿，始终未能迈出这一步。

◎ "膏药旗"：日本国旗也称作"太阳旗"，旗面上一轮红日居中，辉映着白色的旗面；在中日战争中，中国人愤怒地称之为"膏药旗"。

1940年年初，局势愈加恶化，李云经不得不带着全家逃到澄海县隆都松坑乡，住在姨娘家。不久，又转移到了后沟，投靠时任后沟通小学教师的胞弟李奕。

在这些痛苦的年月里，白天处处是惨不忍睹的血腥，即使在夜深人静的时候，也会突然传来几声凄厉的惨叫，让人心惊胆战。每每此时，李嘉诚总是抱着腿坐在床上，凝望着窗外深沉的夜空，他不明白为什么中国人就应该失去家园，惨遭杀戮；为什么区区一个岛国能给人类带来这么大的灾难。联想起以前看过的众多民族英雄的事迹，他希望自己能变成一个拯救世人的英雄。让他更加痛苦的是，现实中，他却并不能做什么。

同年，祖母因贫困和惊吓过度而去世，伯父李云梯、李云章在异地执教，潮汕沦陷，日寇横行，他们皆未能赶来奔丧。李云经、李奕两兄弟，尽全力也只能为母亲操办简单的葬礼，草草掩埋在附近的山上。挚爱的亲人死于战乱，小嘉诚看在眼里，痛在心里，国难家仇，一并袭来，给他幼小的心灵带来了极大的震撼。

之后，李家的生活更加紧张，李云经已经一年没有工作了，而他又可以说是"四体不勤，五谷不分"，一时之间难以找到谋生之道。胞弟李奕也是收入有限，全家人心急如焚（fén），却又束手无策。

山河破碎，乡土沦丧，家人逃难，祖母病逝……这就是李嘉诚的童年。

1938年，李嘉诚刚刚上中学，正赶上日军轰炸潮州，日军投掷的炸弹在自己的身边爆炸，到处是哭泣的妇孺和惨叫的伤者，让他感到生命真的很脆弱，生死往往就在一线之间。但是，他没有怨天尤人，苦难已经在他幼小的心灵里播下了拯救中国、振兴中华的种子，他躲进书斋，埋头苦读，他要在书中寻找自强自立的道理。

然而，内地烽火连天，局势动荡，而香港却是太平无事、一派繁荣景象，这里也就顺理成章地成为了内地人的避难天堂。当时，李氏宗亲有一个在潮州当官，给日本人办事，他和李云经交情不错，经常游说李云经"也过几天太平日子"，李云经推脱不掉，为了避免发生冲突，他和妻子庄碧琴商议了很久，决定前往香港投靠妻弟庄静庵。

1940年冬天，李嘉诚和弟弟妹妹，跟着父母踏上了流浪的行程。路上，处处都被日军占领封锁，到处都是明晃晃的刺刀；海路也是危险重重，日本军舰在粤东沿海水域横冲直撞。白天不敢随便走动，只能选择在夜间走布满荆棘的山间小路。山路上，饿殍遍野，大批和他们一样背井离乡的难民，东奔西走，不知何处是可以安身的乐土。所

幸的是，他们穿越了一道道日军封锁线，没有一次遭遇日本兵。李氏一家冒着随时可能被杀的危险，躲着不时擦身而过的流弹，步行十几天，一路风餐露宿，历尽千辛万苦，终于辗转到达香港。

潮州的沦陷使李氏家族开始了在香港的流亡生活，因此也完全改变了李嘉诚的人生轨迹。走出安静祥和的潮州，走出充满童年记忆的故居，等待李嘉诚的是更大的世界，尽管这个世界依旧充斥着动荡和迷茫。

✳ 艰辛创业 ✳

庄静庵，李嘉诚的舅舅，是当时香港最大的钟表制售商，以代理"乐都"表而闻名，生意颇有规模，办公室设于德辅道中的中南行十一楼至顶楼。如今有关钟表行业的著作中莫不提及庄氏家族庄静庵和他的中南钟表有限公司。

当李云经带领全家老小见到庄静庵时，多日艰辛的跋（bá）山涉水已使全家人面黄肌瘦、衣衫褴褛；但是庄静庵并没有丝毫的不高兴。只不过，他做梦也想不到，眼前这个不起眼的瘦瘦的少年——李嘉诚，日后的成绩竟会远超于他。

庄静庵让小小的李嘉诚重新燃起了希望，辗转飘零、家园沦陷、饥饿困苦、亲人辞世和失去教育，让这个12岁孩子的心灵遭受了一道又一道的重创。然而庄静庵让他明白了，生活还有另一种道路，命运的喉咙可以被自己扼住，只要你足够坚强。白手起家并非遥不可及的事情，舅舅也只是小学毕业，没有高深文化。贫困和战乱没有摧毁李嘉诚，相反他变得成熟与笃定：苦难并不可怕，凭借双手可起家。从一定程度来讲，没有庄静庵或许就没有李嘉诚今天的事业。而对于舅舅庄静庵，李嘉诚也是很值得崇拜的，在他眼中，舅舅不像他的父亲叔伯，总是引经据典大谈伦理，而是一个现实主义者，他不像那些文弱书生只会伤感悲叹，而是用自己的力量去与现实抗衡，是一个真正的猛士。

庄静庵把大家安顿下来之后，介绍香港现状说："香港处处都是黄金，就怕人懒眼花，错过机会。潮州人最吃得起苦，做生意个个都是好手。很多没读过书的从潮州乡下来的种田佬，几年后，都发达了起来。"

李云经急着找工作了，但庄静庵劝姐夫不要着急，安心休息，先熟悉一下环境。不过庄静庵一口都没有提让姐夫到自己的店里上班。也许，在外人看来，这有些不近情理，其实，庄静庵在香港从商这么多年，他明白商人就要在商言商，不便将亲情和商业搅和在一起，这也是商家必通的法则之一。

虽然李云经也明白妻弟的苦衷，但在感情上却还是有点接受不了。李云经心中深感凄凉，觉得世态炎凉，再加上这些年来的苦难折磨，对自己的书生清高气节实在是一种打击。但想到眼下的困境，总是还要赚钱养家糊口的，他决定尽快就到外面找工作。以前在尊教重学的潮州，李云经是小学校长，深受乡人尊敬，他知识渊博，富商财主都黯然失色，他认为凭借自己的渊博知识，会受到香港人的尊敬，至少凭着这些资历，找工作应该不是难事。

第二天，李云经正式走出家门开始四处求职，但是，这一天的经历是李云经一生都难以忘怀的。在香港，没有一家小店会问起你的学历和知识，没有人关心你以前的经历，自己的地位甚至不如街头的小工，他处处碰壁，浑然不知道自己该如何去接受这种现实。

香港是个现实的商业社会，金钱是衡量人的唯一标准。在这个社会中没有谁会向李云经请教古书文化和人性哲理，也没有人再称赞儿子李嘉诚吟诵诗文的出众禀（bǐng）赋，这些传统的文化在新派的香港没有用武之地。这种失落与怅惘对李云经来说是难于言表的，无奈之余他也明白，香港是一家人可以生存的唯一地方，养家的重担落在自己一个人身上，作为妻儿老小的支柱，他必须要面对现实。可是自己拿什么获取别人的认同呢？拜金主义的社会里自己又有什么资本呢？已是不惑之年的李云经，陷入了深深的困惑。他不禁感叹：“百无一用是书生啊！”

庄静庵的生意非常忙碌，基本上每天都泡在钟表店里，每天都要工作十几个小时。李嘉诚一家刚来香港的时候，他还经常来看望，问寒嘘暖；渐渐地，他来的次数愈来愈少，甚至很长一段时间都不见他的人影。并非他没有亲情观念，实在是迫于无奈，对于一个身系担家重任的男人来说，生存永远都是第一位的。庄静庵对自己家人也是如此，他是一个勤恳严谨的实干家，甚至很少有时间和家人聚在一起吃顿好饭，更不会带着家人外出消遣。

生意与亲情总是不能兼顾的，庄静庵在李嘉诚稍大的时候曾对他说：“香港商场，竞争激烈，不敢松懈懒怠半分，若不如此，即便是万贯家财，也会输个一贫如洗。"所以他每天都要把弦绷得紧紧的，不得不把其他的事情看淡些。

对于这点李嘉诚在后来的创业中也深有体会，但他不希望这种冷漠在自己身上延续，所以他会尽可能照顾到家庭和身边的人。

除了庄静庵这门亲戚，李云经在香港还有不少的同乡亲友，但是他们也是来探望李家一两次便杳无音讯，潮州人以团结著称，但是在香港，潮籍的富人无一不是靠自己双手拼出来的。他们更崇信靠自己的力量打拼天下，你不如意时，他们不会瞧不起你；你发达时，他们也会诚心恭贺你；但如果你想依靠别人、不劳而获，对不起，他们会敬而远之。对此李嘉诚曾感叹："小时候，我的家境虽不富裕，但生活基本上是安定的。我的先父、伯父、叔叔的教育程度很高，都是受人尊敬的读书人。抗日战争爆发后，我随先父来到香港，举目看到的都是世态炎凉、人情冷暖，就感到这个世界原来是这样的。因此在我的心里产生了很多感想，就这样，童年时五彩缤纷的梦想和天真都完全消失了。"

这是当时心态的真实写照；也正是这样冷酷无情的社会让李嘉诚看清了自己的出路，让他知道自己必须闯出一番事业才能够像舅舅一样，必须依靠自己的力量才能在社会上立足。这使他不再幻想，不再彷徨，完全回到现实中，理智的追求。社会的现实往往是锻造一个人的最佳沃土，所谓逆境出英才也不过如此吧！

学做港人

李云经虽然与香港的新派文化格格不入，但是他知道自己要在香港生存必须要面对现实，获得大家的认同，他教诲膝下子女，要在异地生存，就必须要融入当地社会。因为一家老小都要靠自己养活，于是他痛下决心，改变心态，更加努力地去找工作，终于在一间潮商开的公司找到一个小职员的工作。

> ◎新派文化：新派文化是针对中国古代传统的儒家教育而言的，是传入中国的西方文化的泛称。

当时，抗战进入最艰难的时期，香港的商会号召市民募捐，用以购置战斗武器支持中国军队。李云经是一位正直爱国的知识分子，他不甘心国破家亡，也不愿在日寇统治区苟（gǒu）且偷安，他捐出了自己为数不多的钱财，而那些富商们，出手即为上万港币，这时候李云经感触颇深，讲了半辈子教育兴国的他对友人感慨："实业也可救国!"

来到香港之后，李云经对孩子的教育思想大大改观，他不再只向儿子谈古数典，不再单以古代圣贤的言行风范训子，而是教他们如何学做香港人，迅速适应新环境，或许是潮州人素有的潜力，不论在何方漂泊，都会与当地的文化融合而很好地生存下去。更加难能可贵的是，他们的本源情节深入骨髓。

不论身在何处，他们都不会忘记自己的祖国，不忘记自己是潮州人。

李嘉诚对父亲的教诲谨记于心。香港的华人流行广州话，广州话与潮汕话属不同的语系，在香港，不懂广州话寸步难行。要与香港社会融为一体，第一步就是要过语言关，改掉潮汕口音，学好广州话。于是，表妹庄月明就成了李嘉诚的语言老师，他勤学不辍，不久便能用广州话与香港人交流了。

过了广州话这一关，更大的难题还在等着他，那就是英语这一关。李嘉诚到了香港后进了一所香港的中学念初中，但是香港的中学大部分都是英文中学，就连中文课的教材大都是英文的。这时候，李嘉诚在课堂里听课，听着老师和同学们的满口乌里哇啦却不知所云，书本对他来说犹如天书。这是他以前从未接触过的，当然不能像身边那些从小接触英语的同学那样游刃有余。

此时的李嘉诚已不再是学校的骄子、老师和家长的骄傲，这种心理反差让他从心底泛出难言的自卑。细心的李云经对此也有察觉，他一向都关心嘉诚的学习，因此他在询问儿子的读书状况时告诉嘉诚："在香港，想做大事，非得学会英语不可。"父亲的关爱对儿子来说无疑是最大的动力。

李嘉诚深谙（ān）父亲的苦心，他开始疯狂地学习英语，几乎到了走火入魔的地步，不论走在路上，躺在床上，甚至在吃饭的时候，脑子里想的都是英语，抓紧分秒时间背单词。夜深人静时，李嘉诚怕影响家人休息，就自己跑到外面的路灯下读英语；每天天刚蒙蒙亮，他就一骨碌爬起来，口中念念有词，仔细一听，还是英语。功夫不负有心人，一

年后，李嘉诚终于逾越了英语交流这一关，能够顺利地听懂课程看懂教材，能够熟练地解答题目了。可以说终于迈出了成为香港人的艰难而结实的第一步。

李云经去世后，李嘉诚自动终止学业，但是对英语的学习却从未终止。一口流利的英语使他在之后的商战风云中受益匪浅。

李嘉诚在一步一步地与香港文化、香港社会相融合，成为一个地道的香港人，他不再比当地人缺少什么，香港的弱肉强食也不会再给自己带来灾难性的威胁。对新环境适应能力已经成为李嘉诚的一个生存资本，他把这种能力在商场中发挥到了极致，使他日益强大，成为活跃在中国的一条东方巨龙。

少年丧父

李云经一家逃亡香港，本以为自此可以安身立命，所以他已经做好了久居香港的打算。但是没想到，仅一年的时间，日军的铁蹄就踏上香港。1941年12月8日凌晨4点，日本海军航空兵偷袭美国海军基地珍珠港。太平洋战争爆发。

日军对港九的军事设施甚至居民区狂轰滥炸，一场噩梦笼罩着香港。李云经一家住在上环，外面炮声隆隆，火光冲天，窗户被炸弹震得咯咯响，像要整个地碎掉。整个香港顿时陷入恐慌，李家人也一样，母亲烧香拜佛，父亲则只能咒骂日本人的恶劣行径。生命瞬时间变得充满变数，不知道下

◎太平洋战争：第二次世界大战主战场之一，是民主力量与法西斯势力在全球最广阔海域的大冲撞，堪称战争史上的绝笔。参战国家多达37个，涉及人口超过15亿，交战双方动员兵力在6000万以上，历时3年零几个月，伤亡和损失难以统计。

一刻会发生什么。

英军准备不足，寡不敌众，于当月25日即"圣诞佳节"向日本投了降。日军推行殖民统治，疯狂地搜刮钱财，普通百姓的生活更加困难了。

在日军统治的那个时期，香港人承受着从未承受过的苦难，在3年零8个月的时间里，大部分有门路的香港人逃离香港另谋生路，像李嘉诚一家一样没有离开香港的则生活在水深火热之中。李嘉诚当时已是10岁出头，经历了人生中一场最大的磨难，这使他迅速成长，正所谓苦难铸造英才，日后的李嘉诚不会再畏惧任何困难坎坷。

或许上天在故意考验这个单薄的少年，在日军统治下，香港百业萧条。李云经的薪水越来越少，为了养家糊口，他只好拼命工作。由于长年劳累，再加上贫困、忧愤，李云经得了肺病，终于在家庭最困难时病倒了。

为了挤出钱来给父亲治病，全家节衣缩食，两顿稀粥，再加上母亲去集贸市场收集的菜叶子，便是一天的主食。如此清贫的生活，使李嘉诚养成了崇尚俭朴、反对奢侈（chi）的良好习惯。全家把所有的希望都寄托在李云经身上，希望他能尽快好起来，度过这一关。

李嘉诚作为长子，一边照顾父亲，一边奋力学习，想用优异的成绩使病中的父亲获得力量，尽快好起来。父亲把李嘉诚的学业看得比自己的命还要重要，他在重病之中还牵挂着儿子的学习，多次提醒李嘉诚在学业上千万不能松懈，绝不能因为自己的病而放弃了学业。

为了不让儿子失学，李云经怎么都不愿意住院，医生开了药方也舍不得去药店买药，偷偷省下药费给儿子当学费。庄静庵知道这些情况后强行把姐夫送进医院治疗，但是李云经依旧偷偷省下药费，或许他已经感觉到自己已时日不多，唯一的寄托就是希望儿子能学业有成，早日出人头地。李嘉诚每次去医院给他送饭，他总是故意说饭菜太多太好了，将饭盒中唯一的一点肉菜都夹到儿子的嘴里。李嘉诚每每回忆至此，都会潸然泪下。

在父亲住院期间，李嘉诚尽心伺候，哪怕天气再恶劣，他也会去医院探望和照料父亲。他每天早早地就来到了医院，服侍父亲吃过早饭才上学。每天下午放了学，他就向父亲汇报自己的学业，父亲也总是流露出宽慰的微笑。嘉诚在父亲的病床前，从未表现过丝毫的哀伤，因为他害怕父亲挂虑。让卧病在床的父亲高兴的是，李嘉诚的眼光日渐坚定，仿佛在对老人家说：您一点也不用担忧，我绝对不会让你失望的。

李云经最终没能熬过那年冬天，还是撒手归西了。弥留之际，父亲始终在喃喃叮嘱李嘉诚要有志气，好好做人；不停地为自己优秀的儿子学业将从此中断而遗憾。他不希望儿子抱有太重的依赖心理，临终留下的都是诸如"贫穷志不移"、"做人须有骨气"、"求人不如求己"、"吃得苦中

苦，方为人上人"、"不义富且贵，于我如浮云"、"失意不灰心，得意莫忘形"等遗言。

李嘉诚将此作为他一生中最宝贵的经历，童年的印迹使得李嘉诚一生对医疗与教育有着不同寻常的关注与感情。因为父亲有肺病，他便去买些有关肺病治疗和如何照料肺病患者的书籍来看。那时李嘉诚才13岁，看过那些书后吓了一跳，因为几乎所有病症自己都有。李嘉诚的童年岁月很艰苦，而且无人可以倾诉，一生中有什么不顺心的事绝对不告诉妈妈，怕她担心。对父亲，只有一件事至今可以让李嘉诚安慰自己，父亲过世前一天，问李嘉诚有什么话要说，他当时很悲哀但还是很自信地跟父亲说："我们一家一定会过得好。"

日军统治下的香港，随着日本军票的发行，经济更是萧条，可谓是雪上加霜。1941年日本政府强迫香港市民用港币、黄金、外币、物资等，兑换军票，这也成为当时唯一法定货币。而到1945年，日本政府撤出香港

◎军票：是指由军事机构发行并主要流通于军队中的小面额钞票，太平洋战争的时期，日本在占领区疯狂发行军票，军票不能兑换日元。日本政府以此作为支配占领地经济的一种手段。

一走了之，军票变成废纸，许多市民瞬间破产，哀声四起。

在这段经济越来越不景气的时候，李嘉诚家里的经济状况更是可想而知。

于是，作为长子，虽然还只是一个孩子，李嘉诚不得不离开了心爱的学校，用他瘦弱的肩膀，毅然挑起了全家的

重担。对我们来说，14岁，正是备受父母呵护、开开心心的年纪，可是他却不得不跟这些告别，单枪匹马加入成人的世界，遵循金钱社会铁的游戏规则。这恰好印证了李嘉诚崇尚大海的心境：做自己的主宰，到浩瀚的海洋中上下求索、寻求自我。

李嘉诚是亿万人的偶像。那么，李嘉诚心中的偶像又是谁呢？

他的答案是：父亲李云经。

李嘉诚说："我爸爸是非常典型的中国人，有气节，讲义气，且诚恳待人。"

父亲病逝以后，小嘉诚和母亲东拼西借，总算凑足了一笔为父亲买块葬身之地的钱。

按照当时的规矩，买坟地的人必须先付钱，才可以看地。卖地给李家的是两个客家兄弟。他们向小嘉诚吹嘘，说这块风水宝地如何如何好，先人葬在这里，后人必可发达。

◎客家：是一个具有显著特征的汉族民系，在南方广泛分布。在历史上由于战乱，汉人多次从黄河流域迁入迁至赣、闽、粤等地。自称"客家"或"来人"，以区别于本地人。客家话是汉语方言之一，保留较多古汉语音韵。

小嘉诚希望发达，但不相信自己这么一点钱，能买到风水宝地。他想，只要父亲有个安息之地，他和母亲也就安心了。他将钱交给卖地人之后，便跟着他们看地去。这天，恰巧寒流南下，气温骤降，加上阴雨绵绵，山路泥泞，衣着单薄的小嘉诚冻得瑟瑟发抖。

两个客家人见他是小孩，存心欺骗他，他们走得很快，企图摆脱李嘉诚；但小嘉诚却寸步不离，紧紧地跟着他们。

走到一座山坳上的荒坟时，走在前面的弟弟用客家话对哥哥说："阿哥，就这里吧！"

被称为"阿哥"的男子说："这里？你没看见这里已有一座坟了吗？"

"不要紧，掘开它，把尸骨弄走就是了。一个小孩子，量他不敢不收货。"

他们的对话，被略懂客家话的李嘉诚全听到了；小嘉诚想，世界上居然有这样黑心的人，为了这么一点钱，连死人也不肯放过。他想到父亲一生光明磊落，鹊巢鸠占的事，父亲是绝对不会做的，即使将他安葬在此，九泉之下，他也是不会安息的。

小嘉诚分析，这两个人如此黑心，要将钱退回，是绝对不可能的了，若同他们纠缠，遭他们毒手倒是有可能的。

所以，当那兄弟俩挥锄要挖坟时，李嘉诚说："不要挖了，你们的话我全听到了。算了吧，那笔钱只当我施舍给你们罢了！我另找卖主。"说完，头也不回地奔下山去。

这次买地葬父的周折，给李嘉诚上了人生第一课，他告诫自己，不论将来日子如何艰难，一定不可以坑害别人。饱尝被骗痛苦的李嘉诚暗下决心：不管将来处境如何危急，生活如何艰难，一定要做到诚信为上，绝不做坑害别人的事情，宁可自己吃亏也不能亏欠别人。

在那兵荒马乱的年月，到处都是失业的人，李家孤儿寡母，要找工作更是难上加难。

无奈之下，母亲想办法批发了一些塑料花去叫卖，但是这样一整天也赚不到一块钱，根本无法维持生计。

舅舅庄静庵也曾提出资助嘉诚读完中学，接济一家人，但是李嘉诚毅然谢绝了舅舅的好意，打算中止学业，谋生挣钱，养活全家。李嘉诚对学校有着深厚的感情，曾经住过的薄扶林道73号，对面就是著名的香港大学，然而这就是梦想与现实的差距啊。对此庄静庵没有表示异议，舅舅讲，他也是读完小学就离开家园，外出闯荡，一样可以打天下。

嘉诚到舅舅的钟表公司工作，是天经地义又顺理成章的事，但是庄静庵始终未开这个口，这是常理所不能解释的，但是嘉诚明白舅舅希望他独立的良苦用心，他暗下决心，今后

一定要靠自己的双手养起这个家。

庄静庵在这一点上没有为李嘉诚提供方便,似乎显得太无情。但是正是由于这"无情"才使一个穷小子成长为一代富豪,从这点讲,舅舅的"无情"更胜"有情"。

1981年,李嘉诚在回顾自己坎坷的创业史说:"在20岁前,事业上的成果100%靠双手勤劳换来;20~30岁之间,事业已有些小基础,那10年的成功,10%靠运气好,90%仍是由勤奋得来。"

真是英才出身寒门,英雄产自乱世!

第二章

勇闯天下

- ◆ 四处碰壁
- ◆ 独闯天下
- ◆ 茶楼堂仔
- ◆ 表行学艺
- ◆ 转行推销
- ◆ 入主塑胶

四处碰壁

1943年，香港的冬天，几十年来少有的寒冷，让人有种屋漏偏逢连夜雨的感觉。北方的冷空气，翻越南岭，刮遍珠江平原，直扑香港，日本统治下的香港本来就萧条，街上百米不见人影，户外行人稀落，一片凄凉。

就是在这个最寒冷冬季的香港街道上，经常可以看见一对母子踯（zhí）躅（zhú）的身影，这便是李嘉诚和母亲庄氏。他们挨家挨户地找工作，从稍见阳光的清晨一直到百籁俱寂的深夜，体验着痛彻心扉的另类寒冷——人们的冷眼；结果往往都是一无所获，看看他们沮丧的表情就一目了然了。这似乎是理所当然的情况，李云经在世时，找工作就是难上加难，现在一对孤儿寡母，口不能言，手不能提，有谁会愿意贸然雇用他们呢？此时的母子俩心里都非常明白这一点，但他们也都知道无论如何也不能放弃，只要坚持就一定会有希望。

这个晚上，因为燃料短缺，日本人限制用电，直到天黑许久之后才有稀稀落落的路灯亮起；路边的酒楼饭铺中飘出阵阵香味，李嘉诚空乏的胃腹一阵阵痉挛，早晨喝的是菜叶稀粥，一天下来早就饿得前胸贴后背。

"阿诚，饿了吗？妈给你买糯米鸡。"母亲庄氏很心疼身体单薄的儿子，她拿出身上仅有的几毛零钱看着儿子，微微侧过脸，泪水扑簌簌地往下淌。在母亲的心里，虽然不像父亲那样对儿子的将来有过设想，但她始终挂念着儿子能否吃饱，是否开心。但现在这些问题与能否生存下去比起来，似乎都不重要了，她也明白儿子现在的苦恼也正在于此；作为一个妇道人家，她所能帮助的唯有站在儿子身边，这往往是对一个母亲的最大折磨。

"妈，我不饿。"

李嘉诚心中泛起阵阵凄凉，他深知，找不到工作只有全家人一起挨饿，甚至连菜叶稀粥都喝不上，但是嘉诚的脑海中一直浮现着父亲病榻前的一幕幕，回想着自己对父亲许下的诺言，他忍受着腹中的饥饿暗暗发誓：我李嘉诚一定要养活这个家!

母子俩步履蹒跚地回到家后，双脚都已满是血泡。李嘉诚一头扎在床上动也不想动，双脚疼痛难忍，但比起心里无法言说的苦，这已经算不上什么了。

母亲则默默地把捡回来的菜叶洗干净，生火煮粥。她知道此时的儿子最需要的是一碗热饭和家庭的温暖。

晚上，庄静庵给这个家庭送来了一袋米，他问了问一家人的生活状况，但只一会儿的工夫就走了。他心里明知姐姐和外甥去找工作的事，却只字不提，他不想让自己被怜悯的感觉控制，不想让他们娘儿俩对自己产生依赖，他是从白手起家干起的，他明白这期间的感受和过程，他更清楚这个时候对李嘉诚来说什么更重要，这样的经历是从书本上学不到的。舅舅走后，李嘉诚陷入了沉思：难道是舅舅无情吗?不，这就是社会，这就是生存。这个道理父亲早就告诉过自己，来香港之后的种种经历也无时不在向他诉说着这个生存规则，不同的是现在它更迫切地摆在眼前。面对困难，我们

没有任何人可以依赖，唯一可以依靠的是我们自己。这反倒更激起了他的斗志，想想以前在家里小书屋中读到的那些英雄们不都是生逢逆境而坚持不懈的吗？所以自己不是孤单的，有了精神支柱，又有了家人的陪伴，这已经是很大一笔财富了，剩下的就要靠自己去创造了。这一夜嘉诚睡得格外香甜，睡梦中脚下的路似乎已经延展开来。

第二天清晨，李嘉诚照常吃了稀粥，准备再次外出求职，但他坚持不让母亲陪自己一起受累，母亲身体不好，加上连日操劳脚下的血泡也让母亲走路一瘸一拐，令他看在眼里，疼在心上。他整理好衣着，一大早就独自走出了家门。

出门前，母亲跟嘉诚说了一大串人名和住址，都是些与父亲有些交情的人，"这些都是潮州的亲戚和同乡，潮州人总是帮潮州人的。"母亲还是对相识人情抱有很大的期望，她希望这些故人能够对这个处于风雨飘摇中的家庭假以援手。然而，李嘉诚心里很清楚：不能将希望寄托于此，社会是现实的，在生存第一的前提下，故交情分都是一句空话。但他还是默默记下了这些名字和地址。

他先赶往其中一家位于上环的黄记杂货店，店主黄叔在老家的时候就住在潮州北门，与李家租屋仅仅相隔两条巷，是嘉诚伯父李云章的学生，算是比较熟了。到了街边，嘉诚怔住了：没有任何"黄记"布幌，店铺显然已关门。他透过门缝，看到满地垃圾一片狼藉。嘉诚不知道黄叔发生了什么事，是搬迁？破产？还是被日本人杀害了？因为他曾听舅舅与父亲谈商界的事情：日军当道，市景肃杀，生意难续，生意人倒闭的多于开张的，能够保命安家就不错了。他现在只在心里默念：希望黄叔一家平安无事。

母亲说的这些人，大都是和黄叔一样的小商贩，现在的情况小本买卖都不见得好到哪里去。想到此李嘉诚突然冒出一个幼稚的想法，那就去银行找工作，哪怕扫地、煲（bāo）茶、跑腿，干什么都行。银行是做钱生意的，有的还是外国人投资的，银行不会没钱，当然不会倒闭。有了这个想法他兴冲冲地去实践，不过等待他的，当然只有闭门羹。

14岁丧父，李嘉诚过早地承担起了家庭的重担，苦难来得太多也太早。每天食不果腹，寒冷难忍，少年李嘉诚挨家挨户地找工作，吃到的是一个个冷漠的闭门羹，脚下旧的血泡还没消去，新的又肿了起来……但他始终不肯放弃，坚持不懈，正是这种难以想象的苦难让李嘉诚成熟起来，让他更加坚定自己的理想和志向，他始终坚信吃得苦中苦，定能成大器。

日后李嘉诚回忆说："在这段最艰难的岁月里，母亲起早贪黑含辛茹苦地操持家务，抚养家中幼儿。母亲在昏暗的灯光下为我们缝缝补补，苦口婆心地教导我们的情景现在仍是历历在目，我铭记于心。我和两个弟弟一个妹妹那时虽然还年纪尚幼，但是我们始终记得母亲的劝导——要学会做人，培养自己艰苦奋斗、自强不息、百折不挠、坚强不屈的品质，即使在窘迫的困境面前，也绝不低头。所以在今天遇到困难的时候，我也总会想到当年贤惠的母亲是如何以积极奋进的态度面对残酷的生活的。"

父母是孩子为人处世的最好老师，对于李嘉诚来说，父亲多是言传，母亲则多是身教。

☀ 独闯天下 ☀

天已经全黑了，李嘉诚无精打采地回到家，找了一天，走了一天，可是毫无结果。母亲却笑着告诉他："舅舅叫你上他的公司做工。"

李嘉诚听后愣在了那里，泪水在眼眶里打转。这几天，他受了太多的委屈和辛酸，双脚跑得都长泡了，那帮雇主的冷言冷语，让他的自尊心受到很大的打击。本来一开始就打定决心不靠别人，自己努力。但饱受挫败之后，难道真的只有依靠舅舅了吗？这样做对他来说究竟是好还是不好呢？

母亲太兴奋了，儿子终于不必每天外出找工作了，她给嘉诚擦干泪水，自己的泪水却夺眶而出，母亲高兴地说："进了舅舅的公司，天天跟钟表打交道，这是一门好技术，日后准能发达。阿诚，你可要好好做，听舅舅的话。"她的眼中充满了期盼。

但是母亲并没有告诉他舅舅的用意，其实庄静庵当初并不忍心让嘉诚这么小就去闯天下，他从一开始就打算让嘉诚来他的公司帮忙。但他担心嘉诚因为工作来得太容易，就会不思进取。所以就让嘉诚先找工作吃吃苦头，这样才会珍惜这个机会。他这样做也想让嘉诚品苦识甜。

"妈，我要自己找工作，我不去舅舅那里。"李嘉诚不想受他人太多的施舍和恩惠，哪怕是至亲的舅舅。他也不想给自己留有依赖他人的后路，寄人篱下终究不是长久之计，与其适应舒适环境之后再抽身倒不如现在就直面挑战，从零开始。

这一次轮到母亲吃惊了，她直愣愣地望着嘉诚，以为自己的耳朵出毛病了。

李嘉诚又一字一字地重复了一遍，母亲什么都没说，她发现从嘉诚的身上看到了他父亲的影子，而且比他父亲还要倔犟。

李嘉诚或许天生倔犟，但是更多的，是他骨子里的那股自立和不服输的劲头，这两天遭受的种种挫折，使他产生了一个顽强的信念：我李嘉诚一定要靠自己找到工作！不然，在心理上也过不了自己这一关。

母亲拗不过他，只好同意嘉诚再去找一天工作，但是也提了条件："再给你一天时间，如果明天还找不到，那就听话去舅舅的公司做工。"

也许是天无绝人之路，第二天正午，李嘉诚在一家名叫"春茗"的茶楼找到一份工作，但他却还不能马上上班，老板要他去找一位有资产和信誉的人做担保。

李嘉诚高高兴兴地跑回家，跟母亲说了这件事，母子俩都非常高兴。至于保人，那当然也不是问题，舅舅完全可以胜任。但是刚好这个时候舅舅不在家，嘉诚又等不及，母亲就打算跟嘉诚先去茶楼看看环境，见见老板。

母亲见了老板，告诉了他自己的家庭的艰辛和不易，老板还算厚道，动了恻隐之心，破例同意母亲为嘉诚担保。

第一份工作终于有了着落，对于李嘉诚来说得来着实不易。这段经历和磨炼更加锻炼了他骨子里的顽强，不接受舅舅的恩惠，要靠自己赤手空拳闯荡江湖，父亲的教诲已经渗

入血液和骨髓，并成为嘉诚一生中最宝贵的财富，在他的意念里，人只能靠自己，他自立同时自强，终成大器。有了好的性格，就会有好的命运，这句话在李嘉诚身上得到了完整的应验。

茶楼堂仔

就这样，李嘉诚进了茶楼做煲茶的小学徒，从此踏进纷纭复杂的社会，开始了拼搏的人生旅程。他十分珍视这份得来不易的工作，他对"打工"的也有自己独到的见解："对自己的分内工作，我绝对全情投入，从不把它视为赚钱糊口，向老板交差了事，而是将之当做是自己的事业。"

南方人起得早，习惯喝早晚茶，茶楼天不亮就要开门，又睡得晚，到午夜还不能休息。按照季节的不同，店伙计必须在早上5点左右赶到茶楼，为客人准备茶水、茶点。

舅舅送了一只小闹钟给嘉诚，要他一定要有时间观念，通过嘉诚求职这件事，他不再怀疑外甥独立谋生的能力，对外甥也不由心生赞许。他感到外甥以后一定会有所作为，但未曾料到嘉诚今后会干出惊天动地的业绩。

当时的李嘉诚心中也并不敢有宏愿大志，只有一个念头：要好好珍惜这份工作，撑起这个家，养活母亲和弟妹。李嘉诚每天都把闹钟调快10分钟，为的是最早一个赶到茶楼，所以他每天总是第一个到达茶楼，最后一个离开。调快时间的习惯一直保留到今日，用他的话说就是：我要走在时

间的前面。

在茶楼打工时，每天工作时间都在15小时以上，茶楼关门的时候，已是半夜人寂时。真可以说是披星戴月上班去，万家灯火回家来。他那时候才不到15岁，这对他来说实在是太辛苦了。白天时，顾客比较少，但是总会有几个老头坐茶桌打发时间，李嘉诚是店里地位最卑下的伙计，所以他要待在旁边侍候；那时，李嘉诚最大的愿望，就是美美地睡上几天几夜。

在茶楼里，李嘉诚最大的乐趣就是听顾客谈古论今，散布各种小道消息，他从中可以了解许多事情，大到世界格局，小到鸡毛蒜皮。这些事，在父亲口中，在老师口中，闻所未闻；不少说法，与父亲和老师讲的也完全不同。李嘉诚现在才发现，原来世界是这么复杂、这么精彩。就这样，慢慢地李嘉诚的思想不再单纯得如白纸，耳濡目染之下，他对很多事都心里有数，此时他已有了辨别是非的能力，又因为谨记着父亲的遗训，所以即便身在这种环境中，他也没有被世俗污染。

在茶楼的工作并非一帆风顺，一次意外让李嘉诚至今刻骨铭心。

一天，李嘉诚听顾客们聊天入了迷，竟忘了给他们倒水了。他听到大伙计叫唤，慌慌张张拎茶壶为客人冲开水，一不小心洒到顾客的裤脚上，李嘉诚吓傻了，木桩似的站在那里，脸色煞白，竟忘了跟客人赔礼道歉；顾客是茶楼的衣食父母，万万得罪不得。如果碰上挑剔的顾客，当即就会甩伙计的耳光。

李嘉诚全身都汗透了，等着顾客的怒骂和老板的炒鱿鱼。在此之前李嘉诚就听说过，一个伙计犯了同样的过失，那顾客是黑社会的师爷，势力了得，老板不敢得

◎ "炒鱿鱼"：是"被解雇"的意思。炒鱿鱼片，当鱿鱼片熟透时，便会自动卷成一圈的，正好像被开除的员工，在将自己的被褥（席或棉被）卷起一束时的模样，因此，被解雇又被形象地叫做"炒鱿鱼"。

罪这位"大煞"，最后逼伙计下跪请罪，当即责令他滚蛋。

当老板急冲冲地跑来，正要责备他时，一件意想不到的事发生了，这位顾客说："是我不小心碰了他，不能怪这位小师傅。"由于顾客一直为李嘉诚开脱，所以老板也就没有责骂李嘉诚，只是不住地向顾客道歉。

那位顾客看出李嘉诚眼中的深深自责，没有任何责怪就走了，但李嘉诚已是满眼泪花。事后老板对李嘉诚道："我知道是你把水淋到了客人的裤脚上，这次运气还算不错。以后做事千万得小心，万一有什么闪失，要尽快向人家赔礼，说不准就能大事化了。这客人心善，若是碰上不好惹的，不知会弄成什么样子。唉，这年头什么都难做啊！"这位客人令李嘉诚终身难忘，有时候些微的宽容对你自己来说或许不算什么，但对于需要的人却是如救命般重要。

这事之后，他更加勤勉，再也不敢有丝毫懈怠。就这么过了一年，李嘉诚觉得时机成熟了，就辞去茶楼的工作，去了舅舅的中南钟表公司帮忙。

❋ 表行学艺 ❋

　　对于去舅舅公司帮忙，李嘉诚犹豫了好久。他知道茶楼跑堂不会有太大出息，他渴望跨入新的行业，当初曾拒绝了舅舅的一番好意，是因为不愿意受人恩惠，不想给自己留后路。而现在李嘉诚很看好钟表这门手艺，他决定进舅舅的中南钟表行，不为"大树底下好乘凉"，就为了学通这门手艺，也为了帮舅舅做事。

　　庄静庵回忆少年李嘉诚时说："阿诚的阿爷谢世太早，故阿诚少年老成，他的许多想法和做法，就像大人。"

　　李嘉诚进了舅舅的公司，并没有受到额外的优待。他不懂手艺，只能从小学徒做起，做扫地、煲茶、倒水、跑腿的杂事。这些对嘉诚来讲是轻车熟路，做得又快又好。开始，许多职员不知李嘉诚是老板的外甥，他们还在庄静庵面前夸李嘉诚，说他"伶俐勤快"、"甚至看别人的脸色，就知道别人想做什么，他就会主动帮忙"。而且他每天总是第一个到达公司和最后一个离开公司，这让大家都对这个既聪明又勤快的少年产生了怜爱之心。

　　嘉诚利用打杂的空隙，跟师傅学艺。他心灵手巧，仅半年时间，就学会各种型号的钟表装配及修理。这些东西对有些人来说既琐碎又麻烦，但对于他似乎是一点就通。

　　舅舅对李嘉诚的长进欣喜不已，但他从不当面夸奖他。

　　1945年8月日本宣布投降，香港上空又重新换成了米字旗，依然是殖民地。战前，香港人口163万，日治时期锐减

为60万。大批的房屋遭破坏，英国接管香港，有17万人无家可归。战争结束了，战时逃走的人们也以每月10万的速度回到香港。日军撤退之时，香港经济已陷入一片混乱，食品短缺，燃料不足，住房匮（kui）乏，香港政府采取很多措施，希望尽快保障市民供给，复兴本地经济。

庄静庵预见香港经济将有超常的发展，于是扩大公司规模，调整人事。李嘉诚被调往高升街钟表店当店员，他也希望外甥能有长足进步。

此时对于李嘉诚来说，与人打交道已经成为他的一大特长，这都得益于在茶馆一年多跑堂的锻炼。进了舅舅的公司以后，经过一段时间的装配修理的学艺，就已经对各类钟表的结构了如指掌。在钟表销售方面，他也做得十分出色。他当时的同事在后来接受记者采访时曾介绍道："嘉诚来高升店，是年纪最小的店员。开始谁都不把他当一回事，但不久都对他刮目相看。他对钟表很熟悉，知识很全，吃钟表饭多年的人都不敢相信他学师才几个月。当时我们都认为他会成为一个能工巧匠，也能做个优秀的钟表商，但没想到他今后会那么显赫。"

当他还在茶楼的时候，就常常挤出短暂的空余时间来背记英语单词。但是又怕被大家取笑，所以总是找个小墙角，偷偷地掏出自制的卡片瞟几眼。他深知现在吃饭问题比学英语更重要，只能给自己定下一个比较现实的目标——不忘记已经学过的单词。甚至在他一天工作14小时之后，他仍坚持在夜间自修中学课程，为了保证自己早晨上班绝对不迟到，他准备了3个闹钟同时叫醒自己。这个习惯，他至今仍一直保持。

进了舅舅的公司，晚上就不用加班了，白天也没那么累了，空闲时间就多了。这个时候，李嘉诚给自己定下了一个新目标——利用这段空余时间自学完成中学课程。

那个时候，同事们一下班就聚在一起打牌，而他却抱着一本《辞海》啃，天天如此，以致于翻得厚厚的一本《辞海》都发黑了。他后来形容自己"不是求学，我是在抢学问"。正是靠了这种与时间赛跑的精神，幸运之神才得以降临。他年纪小，地位低，但心里却有着红红

◎《辞海》：是中国最大的综合性辞典。《辞海》是以字带词，兼有字典、语文词典和百科词典功能的大型综合性辞典。辞海二字源于陕西汉中著名的汉代石崖摩刻《石门颂》。

的志气，骨子里却有股不屈的傲气，渴望出人头地，希望自己像舅舅、像茶楼遇到的实业家一样，干一番大事业。

没有知识，就像老鹰没有翅膀，很难在社会立足，很难做成大事业，这是极浅显的道理。李嘉诚现在已经是70多岁的老人了，但是他还保持着一个习惯，睡觉前一定要看半小时的书，了解最新的思想理论和科学技术，据他自己称，除了小说，文、史、哲、科技、经济方面的书他都读。

李嘉诚虽然勤奋好学，却总在为买教材的事而发愁。本来就工薪微薄，维持一家人的生活就已经很紧张了，还要维持弟妹读书的学费，他希望弟妹能一帆风顺地读完应读的学业，而不要像自己这样的艰难。李嘉诚想到一个绝妙的办法：购买旧教材。许多学生把自己用过的书当成废纸按斤卖

掉，或者当垃圾扔掉，有书店专门做旧书生意，他刚好可以买来利用。

每每谈到自己当年省钱买教材的事情，言谈表情，似乎比现在赚好几亿还兴奋：

"先父去世时，我不到15岁，面对严酷的现实，我不得不去工作，忍痛中止学业。那时我太想读书了，可家里是那样的穷，我只能买旧书自学。我的小智慧是环境逼出来的。我花一点点钱，就可买来半新的旧教材，学完了又卖给旧书店，再买新的旧教材。就这样，我既学到知识，又省了钱，一举两得。"

从这件小事可以知道，李嘉诚开始具备商业头脑。

20世纪最后的几年，李嘉诚放弃让自己成为华人首富的房地产而转向高科技领域，从他抢学的思路里，可以找到渊源，他少年失学，打工养家，他没有初中毕业，但是却有很高的学识，这是在商界少有的，而这些学识让李嘉诚具备理智的头脑，带给他无尽的财富。

如此，在自己的不懈努力之下，李嘉诚迈出了自己涉世之初的艰难步伐。

✺ 转行推销 ✺

辛苦而艰难的3年过去了，岁月不仅磨炼了他的心智，同样也强健了他的体魄，当年那个14岁的少年已经长成身材高瘦、英气十足的小伙子了。

到1946年，香港经济已经慢慢恢复了，各个行业都开始兴起了，香港人口也增加到100多万，市场日益繁荣。就在这时，17岁的李嘉诚突然提出要离开舅舅的中南钟表公司，去一间小小的名不见经传的五金厂做推销员。

自此，李嘉诚正式开始了自己的推销生涯，他曾经说过，他一生最好的经商锻炼，就是这段推销员经历。

推销与在茶楼服侍顾客，与坐在店里卖钟表

◎推销员：从事商品、服务推销工作的人员。推销员是推销商品的职业人士，第一线前线职员，有如战场上的兵，功能是速销产品及服务等。推销员在香港俗称行街。

完全不同。对于后者来说，对方已经有购买的想法，否则他们也不会走进来，而推销则是从零开始，没有意向，更看不到希望。这其中对方想不想买？如果想买的话，想买的是不是你的产品？你如何寻找买家、联系买家？你与买家初次会面该说什么话，穿什么衣服？如何让一个不想购买的人产生购买欲望？如果他已经买了，如何保证他下次会继续来买，并且帮你带来一大帮的客户？……这些都是这一行当里的技术，也可称之为艺术。

这些知识书本里都没有，也没有谁会真正地教会一个人，唯有靠自己在实际生活中去领悟、去学习。顾客千变万化，每一次成功的推销对李嘉诚而言都是一个长足的进步。

李嘉诚其实是一个腼腆（tiǎn）的人，推销工作对他来说是一个非常大的挑战。

即使是现在，李嘉诚在公共场合仍不是个滔滔不绝、口

若悬河的人；这种性格的人在做推销时能取得不凡的业绩委实难得。自身的弱点，李嘉诚自己当然清楚。因此在最初向客户推销产品之前，他的心情总是十分紧张，也因为没有工作经验而屡屡碰壁。厂里推销员一共有7个，都是年龄比他大经验比他丰富的人，这给了李嘉诚很大的压力。不过他也有自己的办法：每次在见客户之前把要说的话想好，反复练习好几遍甚至十几遍，熟能生巧，从而成功地克服了紧张的心理。

要想比别人出色，就要比别人更勤奋，别人做8小时，你就做16小时。在那段艰辛的岁月，他每天背着一个大包，长途跋涉，挨家挨户地推销自己的东西。为了节省路费，他上下班从不乘车，十来里路，都是靠走的；出外联系业务，一个上午，就能在香港大街上打个来回！渐渐地，李嘉诚惊喜地发现自己不仅推销有术，而且大有潜力。他那与生俱来的观察能力和分析能力十分适合做推销员；他总是能凭着直觉看出对方是什么类型的人物，并且能马上了解对方的心理和性格，从而定好相应的推销策略。他的业绩扶摇直上。

在这个五金厂，李嘉诚的主要任务是推销白铁桶。当时，所有的推销员的目光都集中于卖日用杂货的店铺，他一入行就感到这种竞争好像千军万马过独木桥，于是，李嘉诚打算换个思路去试试看。

他首先想到旅店和酒楼有可能是白铁桶的大客户，于是就集中精力去跑这些单子。当时，很少有推销员会到旅店和酒楼直接推销白铁桶，但是，回过头来想：直销价格比旅店和酒楼到市场去买要便宜，而且可以节省了他们的时间和精力。因此，李嘉诚这一招也就顺势取得了不错的成绩。有一次，李嘉诚在一家旅店，一下子就销出100多只铁桶，销售业绩十分惊人。另外，李嘉诚对市场进行了分析，他发现，高级住宅区的住户大多使用铝桶而不是白铁桶，于是，李嘉诚就把主要精力花在条件比较差的住宅区；但是问题又来了，一户家庭通常也只使用一两个铁桶，这么推销太花精力了。那么，究竟该如何平衡这个矛盾呢？总不能因此放弃这个市场吧。

突然有一天，李嘉诚终于想到了一个妙计：他看见几个老太太围坐在居民区的椅子上瞎聊，便有了想法。他将进攻目标锁定在老太太身上，专找老太太卖桶，他这样盘算：只要卖动了一只，就等于卖掉了一批；因为老太太都不上班，喜欢串门唠叨，自然而然就成了他的义务推销员。这一招又大获成功。这样避免了到竞争激烈的杂货店推销，在有限的市场中分羹。他利用自己独到的分析能力把推销工作做得有声有色，也使五金厂的生意日渐兴隆。

事后，李嘉诚得出如下结论："做好一名推销员，一要勤勉，二要动脑。"这恰好是他自身经历的写照。

他的眼界和胆识不仅仅停留在开发市场上，在同行业的竞争中也有独到之处。有一次，有一家旅馆正在兴建中，李嘉诚的几个同事得到消息，就抢先找到这个旅馆的老板，不料却无功而退。原来老板已经有意与另一家五金厂做生意，了解情况之后，李嘉诚并没有放弃，决定迎难而上，挑战一下自己。他经过深思熟虑，决定不从老板着手，而是从职员那里想办法。于是他先与一个职员交朋友，然后漫不经心地

从那个职员那里套到一些重要的情报，以投其所好选择突破口。

那个职员说他们老板有一个儿子，特别喜欢看赛马。老板很喜欢儿子，但是当前旅馆的事情很多，千头万绪，根本没时间陪他去。

◎赛马：历史最悠久的运动之一。自古至今形式变化甚多，但基本原则都是竞赛速度。在香港，赛马与赛马赌博十分流行。

于是李嘉诚便让这个职员牵线，自掏腰包带那个孩子去跑马场看赛马，老板的儿子玩得非常高兴。

李嘉诚的举动令老板很是意外，同时又有些感动，不知如何答谢才好。对于这样一个有心人，他也不好意思拒绝他的诚意；于是，老板就爽快地同意从李嘉诚手中买下380只铁桶。

这样一单难做的生意都被李嘉诚拿下，他立时成为五金厂一等"英雄"。

老板和同事都对他心服口服。他的这段小小的经历也成为佳话，有人问他会不会觉得这样做有失身份，嘉诚回答说：任何工作都没有丢脸一说，推销工作尤其如此。了解客户需求，为客户解决困难，进而获取客户的信任，说服客户购买自己的产品，这就是推销员的本职工作。

没过多久，李嘉诚就成了公司里的业务高手。很多人都认为，推销员一定是口若悬河，会忽悠，李嘉诚却不以为然。他从来都不喜欢高谈阔论，说话速度也不快。但是他非常注意了解市场和动脑子，别人是用嘴在推销，他却是用脑子在推销，又怎么能不出色呢？他认为从事推销工作，最重要的有两点：一是勤快，二是创新。对于一个推销员来讲，重要的不是你能不能说，而是你会不会说。

自从他来到五金厂后，公司的业务是蒸蒸日上，钱也赚的越来越多。他做任何事，都会怀着感恩的心去怀念过去。他身体瘦弱，其实更像一个文弱书生，每天背着一个大包四处奔波，实在是让人看了心疼。不过，幸亏他还做过一年茶楼伙计，那段时间拎着那么大个茶壶，一天10多个小时来回跑，练就了扎实的腿功和毅力。那段时间里他还学会了观察各种人的性格与爱好，现在正好也能派上用场。他在与客户交往之时，不忘察颜观色，判断成交的可能性有多大，自己还该做什么努力。这些诀窍在他的总结之下，日积月累成为自己特有的一套生意经。

老板对李嘉诚创造的业绩也很欣喜，而且经常在员工面前称赞他是公司的第一功臣。一些别的五金厂，发现了李嘉诚的特别作用，便想花大代价把他挖过去。老板得到这个消息之后，非常担心，生怕这张王牌被别人抢走了，于是先下手为强，把李嘉诚晋升为业务经理，并大方地给了他20%的干股，以稳定人心。但是此时备受老板器重的李嘉诚，在刚刚打开局面的情况下，却正在筹划着自己人生的另一次跳跃，他要辞职转行。老板对此心急火燎，提出给李嘉诚晋升加薪，希望能留住这位推销奇才，但他去意已决，不会回心转意。

虽然李嘉诚告诉自己要

◎"干股"是指股东不必实际出资就能占有公司一定比例股份份额的股份。干股通常是为了笼络人才、拉拢关系而出现的。

热爱每一份工作，但他也深深地体会到这并不是自己安身立命的长久之所，相比之下，以后的发展更重要。

入主塑胶

李嘉诚离开五金厂的下一个目标是一间塑胶裤带制造公司。这是一家偏离闹市区的西环坚尼地城爹士街，临靠香港外港海域的小型山寨式的工厂。在规模及发展上都远不及蒸蒸日上的五金厂，这更增添了人们对李嘉诚选择的不解。

而李嘉诚却自有打算，究竟这家山寨工厂是如何抓住了李嘉诚的眼球呢？

其实，在李嘉诚推销五金制品的时候，就已经感觉到这种塑胶制品的巨大威胁。

最初，塑胶制品是奢侈品，价格昂贵，消费者皆是富裕阶层。但随着市场的扩大，塑胶制品的价格一直呈下降趋势，舶来品愈来愈多，尤其是港产塑胶制品面市之后，造成塑胶品价格大跌。李嘉诚越来越感觉到，要不了多长时间，塑胶制品将会代替一大批传统商品。

◎ "舶来品"：原指通过航船从国外进口来的物品。旧时外国商品主要由水路用船舶载运而来，故名。引申为国外的东西，即从外国传入本国的意识、物品、语言等。可以是一种文化，也可以是本国没有，从外国引进来的东西或技术。

香港是一个世界性的都市，也是一个世界性的市场，

新事物的传播速度十分惊人，香港人本就有做生意的天赋，他们能够迅速地引进适宜在本港发展的产业。正如李嘉诚所料，原本香港的塑胶厂屈指可数，塑胶品少有所售，但很快雨后春笋般地出现在香港市场。

塑胶公司的老板，是一位具有现代意识的经营者，他靠塑胶裤带起家，短短的一年，开发出十多个产品。香港的塑胶厂愈来愈多，竞争也将愈来愈激烈；老板意识到了推销的重要性，于是便四处招聘推销员，前后有20多人做过推销，但真正能胜任者寥寥无几。

于是，这位老板常常亲自出马搞推销。一次他到酒店推销塑胶桶时，与推销白铁桶的李嘉诚成了竞争对手，争同一个单子；最后，李嘉诚成了老板手下的败将。

这是李嘉诚与这位老板的第一次接触，不打不相识。李嘉诚虽败在塑胶公司老板的手下，但他对这种新产品产生了浓厚的兴趣，他卓越的推销才能也深得这位老板的赏识。老板认为，李嘉诚未能推出白铁桶，问题在白铁桶本身，而不是他的推销术火候欠佳。冥冥之中，老板觉得李嘉诚正是自己遍寻不得的推销良才；老板有意与李嘉诚交朋友，便约他去喝晚茶，席间二人交谈甚欢，这位老板便诚心竭意拉李嘉诚加盟。

这一次推销的失败经历使李嘉诚看到了铁桶的前途渺茫，以及塑胶制品的蒸蒸日上。但他觉得："老板还算蛮器重我，我刚来没多久就走，恐怕不太合适。"

"你打算一辈子埋在小小的五金厂吗？形势好坏，你自己心里有底。"

老板的一席话打动了李嘉诚那根最敏感的弦，于是，李嘉诚决定离开五金厂，加盟塑胶厂。

李嘉诚刚进塑胶公司时，等待他的又是一个全新的空间和陌生的领域。

他发现自己又成为行业内年纪最轻、资历最浅的新人，而另几位推销员是历次招聘中的佼佼者，经验丰富，已有固定的客户。

这时候心高气傲的李嘉诚暗下决心：给自己3个月的期限，干得和别的推销员一样出色；半年后，超过他们。李嘉诚自己给自己施加压力，有了压力，才会奋发拼搏。对于李嘉诚来说，原先的推销经历已经为他树立了面对任何新境况的信心，他需要的只是证明自己能力的时间。

公司的所在地坚尼地城在港岛的西北角，而他们的顾客大多分布在港岛中区和隔海的九龙半岛。于是，每天清早，李嘉诚都要背一个装满样品的大包出发，坐车或坐船，忙忙碌碌地工作。他别无他法，这是最直接的销售方式，也是最行之有效的。

一段时间内，李嘉诚推销塑胶洒水器，走了好久都没人感兴趣。一天，李嘉诚在上班前便来到一家商场，打算等负责人来谈。正好遇上清洁工人在打扫，他灵机一动，对清洁工人说，自己的洒水器可能出了点问题，能不能借水管来试一下，于是借着这个机会，他就在办公室里演示起自己的产品来了。一会儿，果真就有职员来上班了，而且还是负责日用器具的部门经理。李嘉诚顺理成章地达到了目的，该经理很爽快地答应定购塑胶洒水器，一次就卖掉了十几个。他对李嘉诚的推销术也颇为赞赏。

李嘉诚的机灵，可见一斑。同时，他更是一个诚实的人，他让自己的产品来说话，这和别的夸夸其谈的销售员比起来，要实在得多。就这样，他越做越老练，他知道对于一个推销员来说，自己的工作是推销产品，更是推销自己。

李嘉诚深信，对于推销工作来说，人脉尤其重要，往往会给你带来不经意的收获。所以他有意识去结交朋友，向人推销时，先不谈生意，而是建立友谊，让对方感受到他的真诚，友谊长在，生意自然不成问题。而且，他结交朋友，不全是以买不买他的东西为准，绝对不是为了眼前利益。他明白，就算今天成不了客户，明天成不了，后天还是有可能的，而且，他对你印象好了，自然会为你做免费的宣传。他的热情与真诚也深深感染了与他接触的人，大家都愿意与他做朋友，与他聊天。

李嘉诚刚开始时工薪微薄，所以他不允许自己花太多钱去交友，他还要"攒钱办大事"。这样倒好，大家以诚相见，以诚共事，往往越是这种并非建立在金钱关系上的友谊才更经得起考验。李嘉诚不是健谈之人，说话也不风趣幽默。但他总是推心置腹地和别人谈他的过去和现在，谈人生与社会。

他待人诚恳，学识广博，具有一种独特的魅力。有朋友的帮衬，李嘉诚在推销这一行，如鱼得水。而且他做起事来，从来都是不做则已，要做就做到最好；他有高度的事业心，从来不把工作当做一种养家糊口的手段，对工作高度负责。他还注重搜集信息、关注市场的变化。他很关注塑胶制

品的国际市场变化。他的信息，来自报刊资料和四面八方的朋友，他把香港划分成许多区域，每个区域的物价情况和消费习惯，都详细记在本子上；他知道什么地方该卖什么东西，知道该说什么话，知道要卖多少。李嘉诚经过详细分析，得出了自己的结论，然后建议老板该上什么产品、该压缩什么产品的批量。他协助老板以销促产，使塑胶公司生机盎然，生意一派红火。

来塑胶公司不到一年，李嘉诚便兑现了他的诺言，他超越了另外6个推销员，这些曾经自认为精明的推销高手都十分惊讶。直到老板拿出年底财务数据，连李嘉诚都大吃一惊——他的销售额居然是第二名的7倍！公司的老员工都伸出大拇指感叹：后生可畏啊！

长期直接和顾客打交道，培养了李嘉诚对市场的理解能力与管理能力。

这一段时间走南闯北的推销生涯，不仅促使李嘉诚形成了商业头脑，丰富了他的商业知识，而且也使李嘉诚结识了很多好朋友，教会了他各种各样的社会知识。同时，在推销过程中，也使他学会了宽厚待人、诚实处世的做人原则，为他日后事业的发展，打下了良好的基础。

很快，由于出色的推销成绩，年仅18岁的李嘉诚就成为了部门经理，两年后又被提升为这家塑胶公司的总经理。其中还有一段小插曲：他在厂里当销售员时，再忙也要到夜校进修，他在会考合格后打算去读大学，老板为挽留这个人才，便索性把他提升到总经理的岗位上了。

从此，李嘉诚开始全权负责公司的日常事务。他喜好读报，通过各种国内外报纸来了解市场的变化，他通过茶馆和各种公共场所掌握本地的行情，做到心中有数。在他的带领下，推销员们都能顺利地完成任务。而李嘉诚也借此机会熟悉了塑胶行业的总行情，增长了见识，提升了管理水平，此时的他和幼年时的梦想——船长——似乎差距很远，其实也有很大的相似之处，他们都必须掌控全局。

虽然李嘉诚此时在公司的地位是一名总经理，但为人处世从不居高临下，他仍把自己当做一名新人。他总是蹲在工作现场，身着工装，同工人一道干，极少坐在总经理办公室。每道工序他都要亲自尝试，兴趣盎（àng）然，一点也不觉苦和累。这在他看来更是一种享受。

有一次，李嘉诚正在一线与工人一起加工产品，由于太累了，一不小心就把手指割破，鲜血从伤口流出来，他一声都不吭，独自缠上胶布，又继续工作；直到后来伤口发炎去看医生，大家才知道这事。许多年后，李嘉诚对此事依然记忆犹新："你的经验，是以血的代价换得的，大概不好这么说，那都是我愿做的事，只要你愿做某件事情，就不会在乎其他的。"

李嘉诚以他的聪明和勤快，很快掌握了这个行业所有的技术和技巧。工厂全力开工，产品销售顺畅，许多大额生意，都可以通过电话完成。此时的他，精力更多的是花在全局管理上，这为他日后的自主创业奠定了坚实的实践基础。

按照常理，这时候的李嘉诚应该心满意足、安于现状。但是"满足"二字或许在李嘉诚心中没有位置，甚至他本能就排斥这两个字，经过这些年来的生活磨砺，他也逐渐成熟

了起来。本来，在一般人的眼中，他应该满足了，有着丰厚的报酬，不低的地位，即使在今天，很多大学生毕业后苦苦追求的不就是这样的吗？所以这些大学生不可能成为李嘉诚。李嘉诚并不希望一辈子给别人打工，他希望有自己的事业，像他的舅舅，或者像那位茶楼老板。

于是，十分渴望干出一番自己事业的李嘉诚怀着感激和激动的心情离开了塑胶公司，下定决心要自立门户。

可以说，这次辞职是李嘉诚人生中最大的一次转折，从此他迈上了更为艰辛的创业之路，也是开创他自己事业的奋斗之路。

第三章

创业维艰

- ◆ 勤能补拙
- ◆ 途遇险滩
- ◆ 精诚所至
- ◆ 柳暗花明
- ◆ 尽占先机
- ◆ 稳健发展

勤能补拙

当李嘉诚离开塑胶裤带公司时，正值中华人民共和国成立不久；解放战争后期，逃避战乱的人们大量涌向香港，香港人口激增，到1951年突破200万。这批被称为"战争难民"的内地人，给香港带来大量的资金、技术、劳力，同时也扩大了香港市场。香港就像一个大熔炉，吸收与吞吐着万事万物，充满了机遇和挑战。

1950年的夏天，雷厉风行的李嘉诚用自己多年的积蓄和向亲戚借来的5万港币作为创业资本，以利中实业有限公司名义，开设长江塑胶厂生产塑料制品，专门生产塑胶玩具和简单日用品，迈出了创业的第一步。

创业之初，李嘉诚没有什么帮手，资金也

◎港币或称港元，香港的自治权包括自行发行货币的权力。虽然港币只在香港有法定地位，但在中国内地和澳门特区的很多地方也接受港币。而且，在澳门的赌场，港币是澳元以外唯一被接受的货币。

极其有限，他只好尽量有事自己解决，将开销压缩到最低。

当时有数十万的"大陆难民"涌到香港，香港闹房荒，单找合适的厂房就让李嘉诚历尽奔波。当时他资金紧张，所以只能找廉价的厂房：从港岛到九龙，李嘉诚跑了一个多月，最后才在港岛东北角的筲（shāo）箕（jī）湾找到勉强合意的厂房。筲箕湾是港岛的偏僻地，厂址就更偏僻，临靠山谷的小溪。这里山清水秀，是读书的理想地方，办

工厂，还是在交通便利的市区边沿好。正因为偏僻，所以租金较低，几经讨价还价，李嘉诚就按照房东的出价租下了厂房。塑料厂其后搬往西环士美菲路12号A豪西大厦及西祥街20号。

厂房是一间多年失修的旧房，仅一个"破"字是不能表达的，窗户难得找到一扇完好无缺的，不是玻璃破碎，就是风钩脱落，房顶透下束束天光。香港春夏多雨，每逢大雨屋子里就会飘下一束束的小瀑布，所以在开场之前，先用去了一小笔钱来修缮。

房旧，机器更是破旧不堪，厂房里的压塑机是欧美淘汰的第一代塑胶设备。香港增加许多塑胶厂，业主多是小本经营，就有人专做旧机器买卖。后来李嘉诚回忆这段时光的时候还会感叹："最辛苦是做穷生意。"当时谁都不曾料到，这个捡欧美塑胶商破烂儿的香港人，会成为世界塑胶业的大亨，出口量居世界第一。

万事开头难，李嘉诚依旧保持着自己多年来脚踏实地的习惯。"千里之行，始于足下"，李嘉诚谦逊踏实，不动声色地去实现他的抱负。"勤能补拙"，他仍保持初做"行街仔"的作风，每天工作16小时。他不认为自己有超常的智慧，父亲曾多次讲述古代神童不思勤勉、江郎才尽的故事，李嘉诚时刻不忘父亲的教诲。

李嘉诚为自己的工作时间做了详尽的规定：每天清晨就外出推销或采购，赶到办事的地方，别人正好上班；不乘出租车，距离远就乘公共巴士，路途近就双脚行走，为的是可以省下车钱。李嘉诚的性格温和，是不急不躁的那种，但是走起路来却脚下生风，因为他知道不坐出租车就能提高速度省下时间，双脚没红灯，没准比出租车还快。他告诉自己鱼和熊掌不能兼得，时间紧，既要省出租车费，又要讲究效率，只能辛苦自己的双脚了。

到了中午，李嘉诚匆匆忙忙地赶回筲箕湾，先检查工人上午的工作，然后跟工人一道吃简单的工作餐；没有餐桌，大家就蹲在地上，或七零八落地找地方坐。

李嘉诚看到此景心中颇有不安，他是一个不愿意亏待手下的人。这样的日子并不长久，长江厂一有盈利，李嘉诚就抽钱出来，尽量改善伙食和就餐条件，以稳定员工队伍。他相信必须以诚待人，别人才会以诚相报。初创时期的长江厂条件异常艰苦，却鲜有人跳槽，长江厂的凝聚力，正是一个"诚"字牵住了大家的心。

◎跳槽：现在指离开原来的工作单位另外寻找更好的单位。"跳槽"本是青楼语，指另寻新欢。

开厂初期，第一批招聘的工人，全是门外汉，其中大部分还是农民出身。唯一的塑胶师傅就是李嘉诚自己，机器从安装、调试到出产品，都要李嘉诚亲自带工人一起完成。第一次看到产品从压塑机模型中取出来的时候，李嘉诚如中年得子一样兴奋。异常崇尚节俭的李嘉诚破例奢侈一番，带着工人一道到小酒家聚餐庆贺。他的部下称李嘉诚是个悭（qiān）吝之人，只是"悭己不吝人"，亏待自己却从不亏待别人。

到了晚上，李嘉诚也不能早早安睡，他有做不完的事，要做账，要记录产品的销售情况，划分市场，还要设计新产

品的模型图，安排明天的生产。即使这样他也要挤出时间来自学，他说不能被形势落下，长江要不断地创新才能长久立足。由于塑胶业发展迅速，日新月异，新原料、新设备、新制品、新款式源源不断地被开发出来，李嘉诚顿时感到创业的艰辛，感到时间永远都不够用。于是，李嘉诚便开始和员工一样住在厂里，一星期才回家一次，看望母亲和弟妹。每次回家都是行色匆匆，家人看到他日渐消瘦的样子，都心疼不已，但他的精神状态非常好，做自己喜欢的事业对他来说永远不会觉得疲惫或厌倦。

等规模稍扩大后，李嘉诚在新蒲岗租了一幢破旧的小阁楼，这里既是长江厂的办公室，也是成品仓库，还是他的栖身之处。那时的李嘉诚，把自己"埋"进了长江。

李嘉诚当时是身兼多职；最大的头衔就是长江塑胶厂经理，同时还有操作工、技师、设计师、推销员、采购员、会计师、出纳员等一大串的头衔，初创阶段，什么事都是他一手操办。虽然李嘉诚曾做过塑胶裤带公司总经理，但两者毕竟不同；塑胶裤带公司产销已步入正轨，而自己是白手起家。李嘉诚只能又做回"学生"，重新做这一切，现在的忙碌对他来说不仅要掌握市场打开销路，更重要的是他要操心整个工厂的运营和未来的发展。

经过一段时间的努力，工人对工厂的业务已经渐渐熟练，生产制造这一关已经基本通过，接着就是销售。对于李嘉诚来说，推销是轻车熟路，第一批产品很顺利地就卖了出去，接下第二批、第三批、第四批……在创业之初这一段艰难时期中，李嘉诚可以说把好钢用到了刀刃上，租便宜厂房，买旧机器，立工厂，以此为根据地步步发展，他恨不能自己生出三头六臂以独当多面。虽然"最辛苦的是做穷生意"，但是穷生意有穷生意的做法，李嘉诚凭着他坚韧不拔的意志力和事业心顺利地迈出了第一步。再凭着自己的商业头脑和"待人以诚，执事以信"的商业准则发了几笔小财，拓展了工厂的规模。

这时候李嘉诚再也用不着身兼多职了，他招聘了会计、出纳、推销员、采购员、保管员等人员，工厂也日渐步入正轨。而他则省出更多的时间搜集信息，使产销越来越顺畅，长江正以一种渐趋平稳的势头阔步前进，李嘉诚的劲头越来越足，不断地加大投资扩大生产。

✳ 途遇险滩 ✳

但是，过于平稳的开始和几次小小的成功，使年轻而且经验不足的李嘉诚忽略了商战变幻莫测的特点，他开始过于自信，盲目扩大他资金不足、设备简陋的塑胶企业，招聘的工人，经过短暂的培训后就单独上岗。他推行三班倒工作制，马不停蹄地生产；却没想到过快扩张，大量承接订单，而设备简陋，人手不足，严重影响了塑胶产品的质量，迫在眉睫（jié）的交货期使重视质量的李嘉诚也无暇顾及愈来愈严重的次品现象。直到一家客户宣布他的塑胶制品质量粗劣，要求退货，李嘉诚才清醒过来，意识到自己犯了一个非常严重的错误。事后他不断地反省自己，这段时间自己做事

太急躁了，一味追求数量而忽视质量，到头来却影响了长江的品牌，毁了自己的信誉。这时，仓库堆满了因质量问题和交货延误而退回来的产品，塑胶原料商开始上门催缴原料费，客户也纷纷上门寻找一切借口要求索赔。工厂因为资金周转不灵，亏损愈来愈重，长江陷入了停滞。

这时的李嘉诚手中攥着一把订单，客户又在不断打电话催货，可以说是焦头烂额。李嘉诚骑虎难下，如果延误交货就要罚款，甚至连老本都要贴进去。没办法他只好亲自蹲在机器旁监督质量。然而，靠这些老掉牙的淘汰机器，要确保质量谈何容易！再加上大部分工人，只经过短暂培训就当熟练工使用，他们能够操作机器将制成品成型，已是很不错了，要求他们保证高质量实在有些难度，现实的种种问题困扰着李嘉诚，他开始犯难了，甚至有些束手无策。

长江的客户都是中间商，他们或将产品批发给零售商，

◎中间商：是指将购入的产品转售或租赁以获取中间利润的厂商，中间商为其顾客扮演采购代理人的角色，购买各种产品来转售给顾客。他们是商业流通的重要环节。

或出口给海外的经销商。对于塑胶制品来说，早已过了"皇帝女儿不愁嫁"的好年景，用户对制品的款式和质量变得越来越挑剔；再加上塑胶工厂日益增多，竞争自然日渐激烈。现在的香港市场已经不是产出来就是钱的时代了，竞争中必然会优胜劣汰，粗劣的产品必然会被逐出市场。这条市场法则什么时候都是放之四海而皆准。

李嘉诚深知，作为一个企业，质量就是信誉。而如今自

己的质量出现问题，长江的声誉必会一败涂地。他感到了事态的严峻，他有些茫然不知所措，但是事业的航船遇到惊涛骇浪，是预料之中的。

长江的生意面临绝境，仓库里堆满因质量欠佳和延误交货退回的玩具成品；客户纷纷上门要求索赔；而那些上门考察生产规模和产品质量的新客户，见这情形扭头就走。客户是企业的衣食父母，李嘉诚对此心急如焚，业中人常说："不怕没生意做，就怕做断生意。"而此时的长江正处在后一种情景中。

产品卖不出去，没有任何进账，积压在场中的劣质品，只能是一堆垃圾，没有任何价值。原料商仍按契约上门催交原料货款。李嘉诚到哪去弄这笔钱？他被逼急了，索性就说："我实在拿不出钱，你们把我人带走。"原料商笑道："你想得美？我们要你干什么？我们要的是钱！"原料商扬言要停止供应原料，并要到同业中张扬李嘉诚"赖货款的丑闻"。这对李嘉诚又是一个致命的打击。

好事不出门，坏事传千里，长江的境况传播开来，成了街头巷尾的议题。

墙倒众人推，银行得知长江厂陷入危机，马上派职员来催贷款。李嘉诚被弄得焦头烂额、痛苦不堪，但还不得不赔笑接待，好话说尽恳求银行放宽限期。银行掌握着企业的生杀大权，这时候李嘉诚知道，如果过不了这一关，长江或许就会毁于一旦。

此时的长江厂奄奄一息，只剩下半数产品品种尚未出现质量问题，开工不足，不得不裁减员工。部分被裁员工的家

属上门哭闹，有的甚至赖在办公室不走，车间和厂部没有片刻安宁。留下的员工人心惶惶，他们不只为长江厂的前途，更为自己的生计忧心忡忡：此时的长江可谓内忧外患，岌岌可危。

这段时间，痛苦不堪的李嘉诚双眼布满血丝，每天都在忙着应付不断上门催还贷款的银行职员；应付不断上门威逼他还清原料费的原料商；应付不断上门连打带闹要求索赔的客户；以及拖家带口上门哭闹、寻死觅活要求按时发放工资的工人们。那些日子，李嘉诚的脾气不免暴躁，动辄（zhé）训斥手下的员工，全厂士气低落，人心浮动。

据说有一天晚上，李嘉诚围着工厂转了大半夜，几次向河边走去企图自杀，但又走了回来。第二天，他又找来一个经销商，希望这个人能帮助他渡过眼前的难关，可是那个经销商在厂子里边看边摇头，围着厂子转了一圈，然后在河边撒了一泡尿，走了。虽说这是传言，但当时的境况，可以说李嘉诚确实到了走投无路的地步了。

朋友们都劝李嘉诚说，算了，干脆把厂子卖掉，还了债，自己到别人的厂里去做工。凭他的能力，一定能得到老板的赏识，待遇不会差的。

李嘉诚不愿意这样做，因为长江厂是他全部的心血，充满自信的他做梦也没有想到，在他独自创业初尝成功的喜悦之后，随之而来的却是灭顶之灾。

这时，李嘉诚回家探望母亲，害怕母亲为他的事寝食不安，他强打欢颜，安慰母亲。俗话说："知儿者，莫过其母。"母亲从儿子憔悴的脸色、布满血丝的双眼中，就看出

长江厂遇到了麻烦。母亲不懂经营，但懂得为人处世的常理。她是个虔诚的佛教徒，李嘉诚走向社会后，母亲总是牵肠挂肚，早晚都要到佛堂敬香祭拜，祈祷儿子平安顺利；她还经常用佛家掌故，来喻示儿子为人处世的道理。

母亲给李嘉诚讲了一个佛家的故事，令李嘉诚毕生难忘，正是因为这个故事，让李嘉诚重新扬帆，化解了危机：

很久之前，潮州府城外的桑埔山有一座古寺。云寂和尚已是垂暮之年，他知道自己在世的日子不多了，就把他的两个弟子见空、见闻召到方丈室，交两袋谷种给他们，要

◎住持之语义为"安住之、维持之"。原意指代佛传法、续佛慧命之人，后乃被用来指称各寺院之主持者，或长老。此词用在寺职称谓时，又称寺主或院主。由于住持之住处称为"方丈"，故"方丈"一词亦被引申为住持之意。道教也称道观中的负责人为住持。

他们去播种插秧，到谷熟的季节再来见他，看谁收的谷子多，多者就可继承衣钵，做庙里住持。到谷熟时，见空挑了一担沉沉的谷子来见师父，而见闻却两手空空。云寂问见闻，见闻惭愧地说，他没有管好田，谷种没发芽。云寂便把袈裟和瓦钵交给见闻，指定他为未来的住持。见空不服，质问师父。师父说，我给你俩的谷种都是煮过的，又怎能种出谷子？

李嘉诚领会了母亲的用意，悟出了故事中的玄机——诚实是做人处世之本，是战胜一切的不二法门；他为自己失去诚信感到万分悔恨，不禁簌簌落泪。母亲给了李嘉诚无限的信心，他告诉自己，没有闯不过的鬼门关，要平静地想应对

的策略和缓解的办法，他的自信又重新建立，希望在李嘉诚心中再次燃起。

☀ 精诚所至 ☀

冷静下来之后，他深刻地反省了自己失败的原因，主要是操之过急，生产与销售配合得不好。

第二天，李嘉诚回到厂里，工厂仍笼罩在愁云惨雾之中。李嘉诚召集员工开会，他坦诚地向众人承认自己的经营错误，不仅拖垮了工厂，损害了工厂的信誉，还连累了员工。他向这些天被他无端训斥的员工赔礼道歉，并表示，一旦工厂经营有了转机，辞退的员工都可回来上班，如果谁找到更好的去处，也不勉强。从今后，保证与员工同舟共济，绝不损及员工的利益而保全自己。李嘉诚发表了一席渡过难关、谋求发展的讲话，他的诚恳使员工的不安情绪基本稳定，士气稍见高涨。

接下来，李嘉诚逐一拜访银行、原料商和客户，向他们道歉，祈求原谅，并保证在放宽的限期内一定偿还欠款，对该赔偿的罚款，一定如数付账。李嘉诚丝毫不隐瞒工厂面临的空前危机，坦言随时都有倒闭的可能，恳切地向对方请教拯救危机的对策。

李嘉诚总是能以诚实打动人，他得到了他们中大多数人的谅解，他们的利益与李嘉诚休戚相关，长江塑胶厂倒闭，对他们同样不利，这个道理大家都清楚，与其步步进逼，倒

不如给他一定的时间，或许事情还会有转机。

最终李嘉诚的真诚说服了大家，银行同意放宽还贷期限，但在未偿还贷款前，不再发放新贷款；原料商同样放宽付货款的期限，但同时提出，长江厂如需再进原料，必须预付70%的货款。

其他长江的老客户，虽然态度不一，但大部分还是做了不同程度的让步。

有一家客户曾把长江厂的次品批发给零售商，使其信誉受损，后来经理怒气冲冲来长江厂交涉，对李嘉诚更是恶语相加。李嘉诚便亲自上门道歉，该经理也感到很不好意思，承认自己过于莽撞。通过这件事，该经理认为李嘉诚是可交往的生意朋友，希望能继续合作，最后甚至还为长江厂摆脱困境出谋划策。事情的发展往往就是这样，角度变换了一切都会不一样。

李嘉诚的四处"负荆拜访"，初步缓解了工厂的生存压力，也达到了预期目的。但他却不敢也不可能松一口气，银行、原料商以及客户，只给了他非常有限的回旋余地，接下来能否兑现诺言、挽回信誉才是关键。他必须绷紧全身上下的每一根神经，丝毫不敢懈怠。

此时的长江厂，产品积压成山，库满为患。这之中，一部分是质量不合格，另一部分是延误交货期的退货，有的质量并无问题。李嘉诚抽调员工，对积压产品普查一次，将其归为两类：一类是有机会做正品推销出去的；一类是款式过时或质量粗劣的。李嘉诚就像当初做"行街仔"那样，马不停蹄地到市区推销，将正品卖出一部分。他不想被积压产品拖累太久，这样下去只会更加贬值，所以他将这些产品全部以极低廉的价格，卖给专营旧货次品的批发商，在制品的质检卡片上，一律盖上"次品"的标记，这些次品并没有受到客户的拒绝，因为价格低廉，能提成不少。

这样，李嘉诚陆续收到货款，分头偿还了一部分债务，稍稍缓解了自己的信用危机。

这段日子是李嘉诚创业过程中处境最为艰难的时期，一些亲戚朋友，有的对李嘉诚敬而远之，生怕他开口借钱或带来麻烦；有的却主动来电话，或主动上门，为李嘉诚分担忧愁，安慰激励，献计献策，伸出援助之手。真可谓危难之中方见真情。

一段时间之后，长江厂终于出现了转机，业绩也随之有了好转。

1955年的一天，李嘉诚召集员工聚会，他首先向员工鞠了三躬，感谢大家的精诚合作和不懈努力，而后，他用难以抑制的喜悦之情向众人宣布：

"我们厂已基本还清各家的债款，昨天得到银行的通知，同意为我们提供贷款。这表明，长江塑胶厂已走出危机，重入佳境！"

话音刚落，全厂员工顿时沸腾起来；散会前，每个员工都得到一个李嘉诚亲手分发的红包。他看到员工们喜笑颜开，心中再一次充满了无限的希望。

夜幕降临，忙碌了一天的李嘉诚，爬上附近的一座小山上，眺望着中区的灯火和行驶中的巨轮，陷入沉思之中。这段时间他太累了，已经好久没有这样静静地一个人待着，看看夜

景、想想事情，对于像他这样的创业者来说，放松不意味着睡觉、休息，只不过是一个人静静思考，整理思绪罢了。

✵ 柳暗花明 ✵

长江渡过了这次冒进的灭顶之灾后，生机焕发，订单如雪片飞来，工厂通宵达旦地生产，营业额不断地上涨。李嘉诚的信誉自此有口皆碑，银行不断放宽对他的贷款限额；原料商也许可他赊购原料；客户都对长江的产品质量一百个放心，更加乐意接受他的产品，派送大笔订单给他。这样喜人的场景是李嘉诚一直都希望看到的，也是他多少个日夜不眠、不休换来的。

这次惨痛的教训，让李嘉诚在管理中学会了居安思危，纵然一切春风得意也不能原地不动地生产，在欣欣向荣的背后，李嘉诚的头脑变得异常冷静，他不断地思考长江厂的现状及未来的发展，现在市场变化越来越大，新的产品不断推出，如果"长江"不拿出自己新的产品，那么新的危机就会瞬间到来。

经过一段时间的调查，李嘉诚发现：西祥街厂生产的塑料水壶利润很低，但附近屈第街的第一个搞塑料花的唐鼎康却在发大财。香港的塑胶及玩具厂已有三百多家，相形之下，长江厂只是其中经营状况良好但缺乏特色的一家；长江厂出口的塑胶玩具，跟同业相比并无多大区别，只是款式有细微变化而已。在这种情况之下，除了同业，谁还会关注有一个"长江塑胶厂"呢？

李嘉诚开始满心忧虑，每天都在关注着新的信息，以求出路。

一天深夜，李嘉诚自修完当天的功课后，仍像平日一样随手翻阅着一些杂志；当他阅读最新英文版《塑胶》杂志时，发现在一个不太引人注目的地方，刊登了一则简短的消息：意大利一家公司，已开发出利用塑胶原料制成的塑胶花，即将投入批量生产并推向欧美市场。

敏锐的李嘉诚马上联想到之前在另一本英文杂志上看到过的一条消息：欧美人生活节奏加快，许多家庭妇女正逐渐成为职业女性，家务社会化的呼声越来越高……这两条看似毫不相干的信息立刻在李嘉诚脑海中整合成一条未来大计。

真是"梦里寻他千百度，蓦然回首，那人却在灯火阑（lán）珊处……"李嘉诚马上联想到：和平时期过着平静生活的人们，在物质生活有了一定保障之后，必定在精神生活上有更高的要求。花卉是很多欧美家庭的爱物，但真的植物花卉，要常常浇水、施肥、剪修、除草，很浪费时间，并且，植物花卉的花期有限，每季都要更换花卉品种，这与抓紧时间工作的人们的生活节奏很不协调，而塑胶花恰恰可以弥补这些缺陷。李嘉诚想如果生产大量塑胶花，既可以达到物美价廉又美观大方的目的，而又能很好地美化人们的生活，肯定会大受欢迎。想到这里，李嘉诚兴奋地预言：一个塑胶花的黄金时代即将来临。

但同时李嘉诚也想到了更长远的事情，欧美人向来崇尚自然，塑胶花的热潮肯定不会持久，所以必须抓紧时间抢

先占领市场，否则就会丧失良机。李嘉诚迅速办好去意大利的旅游签证，1957年春天，李嘉诚怀揣着希冀和强烈的求知欲，登上飞往意大利的班机去实地考察。

李嘉诚在一间小旅社安下身后，便急不可待地去寻访该公司地址，经过两天的奔波，当他终于风尘仆仆地回到工厂门口时，他却戛然止步了。

作为厂家，新技术是他们的命根子，是维持工厂生存的砝码，谁都会分外的保守和戒备。如果名正言顺地购买技术专利，小本经营向来是投入与产出刚够自给，则昂贵的专利费又是长江这样的小工厂难以企及的；

◎专利：是受法律规范保护的发明创造，专利权是一种专有权，这种权利具有独占的排他性。非专利权人要想使用他人的专利技术，必须依法征得专利权人的同意或许可。

再者，厂家也绝不会轻易出卖专利，它往往要在充分占领市场，赚得盆满钵满之后，才肯高价出手，卖给一些孤陋寡闻的厂家，中间又能赚上一大笔。这些经商门道李嘉诚自然很清楚。

但问题是，塑胶花的市场原本就是短暂的，不过是昙花一现，若长江厂只能跟在别人后头亦步亦趋，又谈何突破？况且聪明的香港人大都善于模仿，这对急于打冷门、填空白的李嘉诚来说，如果真的要等塑胶花在香港大量面市后再去模仿，然后与众多的竞争对手抢市场的话，那么又与现在长江的境况有什么区别呢，还不是竹篮打水一场空？

精明的李嘉诚不会坐等时机，他头脑清醒得很，眼下

能否摸清楚这套技术才是关键。市场的竞争，就是时间的竞争；赢得了时间，就能赢得市场。

李嘉诚迫不及待地想一睹塑胶花的真面目，便以香港经销商的身份，进入这家公司，言称准备在香港推销该公司的塑胶花。这家公司职员礼貌地带李嘉诚进入产品陈列室向他介绍有关情况，琳琅满目的塑胶花使李嘉诚恨不得再生十双眼睛，他一面仔细端详各种花束，一面不停询问有关塑胶花的知识。

李嘉诚看着这些异常瑰丽的塑胶花，心中无比兴奋，更坚定了他的信心，长江的下一个新产品就是它了！这位挑剔的"港商"差不多在这家公司"磨蹭"了一整天，才最终购买了各种款式和颜色的塑胶花，说是先带回香港进行试销。

经过一天的了解，塑胶花的基本生产常识李嘉诚已经了解了个大概，但他并没有急着回香港，因为现在只是有了样品，距离生产还只是皮毛，最主要的是怎么知道具体的生产工艺及配方调色呢？缺少这些技术就想投入生产，无异于痴人说梦。

李嘉诚很急于掌握这套技术，考虑之后，他去了当地图书馆查找这方面的资料。但所见的专业资料，他在香港也看过，根本没有现成可行的给自己拿来用。对此，李嘉诚心急如焚，他放下厂里的事务远来欧洲，在这里又没达到最终目的，难道就单单只买回这么大批塑胶花去做摆设？

聪明的人是不会让问题难倒的，李嘉诚又灵机一动，脑子里闪过一个念头："偷艺！"这是最直接的办法，虽然有些不太光明磊落，但也是别无他法，况且两家工厂相距甚远，应该不会对他们造成什么影响。正是这一瞬间的灵光闪现改变了李嘉诚的命运。

刚好此时这家公司的塑胶厂正在招聘工人，李嘉诚便去报了名，他被派往车间做打杂的工人。因为身上只有旅游签证，按规定，持有这种签证的人是不能够打工的，但老板给李嘉诚的工薪不及同类工人的一半，他认为这位"亚裔劳工"非法打工，绝不敢控告

◎旅游签证是签证种类中的一种，很多国家为促进当地旅游业发展，专门为来访旅游者颁发旅游签证。旅游签证的特点是：来访目的为旅游、且签证有效期及停留期比较短。旅游签证的持有者不能在旅游目的地国从事工作、商务等与旅游无关的活动，更不得从事非法活动。

他；当时欧美发达国家的企业主，常常采用这种压低工薪的做法，盘剥落后国家来的非法移民。

哪曾想这个老板的贪心倒成全了李嘉诚的"阴谋"，他才不会计较什么工薪，不但不用专利费还给发工资，这种好事偷着乐还来不及呢。于是李嘉诚便靠着这张旅游签证，进入这家工厂做工。因为这家工厂惮于环境保护组织的抗议，从而脱离总公司从市区迁到了郊外，所以更不用怕会被总公司的人认出来，盘算好了一切，李嘉诚开始了他"求工偷学"的经历。

李嘉诚在这个工厂中，从事的工作相当于一个清洁工，负责清除废品废料，所以他能够推着小车在厂区各个工段来回走动，求学若渴的他恨不得用双眼把整个生产流程录下来。因为他工作十分卖力，工头都夸他"好样的"，但他们

万万想不到这个"下等劳工"，竟会是"国际间谍"。所有的一切，只有李嘉诚自己清楚，每天下班后，他急忙赶回旅店，如数家珍一般把观察到的一切都记录在笔记本上。

到了休息日，李嘉诚还会邀请数位新结识的朋友，到城里的中国餐馆吃饭；这些朋友都是某一工序的技术工人。李嘉诚向他们请教技术，谎称他打算到其他的厂应聘做技术工人。那些人见他热情好客，便也对他知无不言。

这时候的李嘉诚就成了一部速录机，他把这些都记在心里，仔细地去考虑，凭着自己的知识功底大致悟出塑胶花制作配色的技术要领。他就是这样，通过一切可能的渠道获得了他想要知道的东西。

尽占先机

李嘉诚从意大利满载而归，由于目的已经达到，他兴奋不已。随他一起到达的，还有几大箱塑胶花样品和资料。在他临行前，塑胶花在意大利已经推向市场，李嘉诚跑了好些家花店，购买样品，了解销售情况。当他发现绣球最畅销时，又立即买下好些绣球花的样品。

回到长江后，他表面不动声色，只是把几个部门负责人和技术骨干召集到他的办公室，把带来的样品展示给大家看。塑胶花颜色绚（xuàn）丽，栩栩如生，让所有人不禁拍案叫绝。

李嘉诚就此正式宣布，塑胶花就是长江的下一个新产品，长江将以塑胶花为主攻方向，一定要使其成为本厂的拳头产品，在香港市场独占鳌头。

目标确定之后，李嘉诚便开始了前期的准备工作，他很明白人才的作用，自己的推销经历让他更坚定了自己的看法：产品的竞争，实则是人才的竞争。李嘉诚重金聘请塑胶人才。他把样品交给他们研究，要求他们把主要精力放在三处：一是配方调色；二是成型组合；三是款式品种。当然，最重要的还是质量。

技术人员按照李嘉诚的要求和设计师一起做出不同色泽款式的"蜡样"，李嘉诚带着蜡花走访不同消费层次的家庭做市场调查，最后确定了一批普遍受欢迎的蜡花作为首批开发产品。此时，技术人员经过反复试验，早已把配方研定到最佳水准。

相关的前期准备工作已做得差不多了，但还有一个关键性的问题让李嘉诚头疼了好久，那就是生产塑胶花的机器。当时香港并没有这种机器，如果到国外定购，价钱又非常昂贵。于是，李嘉诚决定自己研究，制造专门的机器。靠着他在意大利期间的学习和聪慧，这个问题并没有难倒他。经过连续一个多月的日夜轮作，第一批样品终于被生产出来。每当回忆至此时他都会说："靠这部机器，在最短的时间，让我至少赚了几万元。"

经过研究，他确定了一个适中的大众消费价位。产品一经全面推出，长江便迅速地抢占了香港的所有塑胶花市场，一举打出了长江厂的旗号，掀起了新的消费热潮。卖得快，则产得必多，"以销促产"，比"居奇为贵"更符合商界的

游戏规则。

实际上那时候意大利塑胶花已进入香港市场，由连卡佛百货集团公司经销。连卡佛是老牌英资洋行，主要面对高消费人群销售名牌及奢侈品。意产塑胶花价格不菲，称不上是大众消费品，只有少数洋人和华人富有家庭购买。李嘉诚深知，长江厂的塑胶花质量目前还比不上意产塑胶花，要是跟他们去竞争高消费人群，肯定不是对手。因此，李嘉诚更坚定了原来的思路，生产适合长江的大众塑胶花产品。

对市场的把握使李嘉诚更加看好塑胶花的销路，他携带自产的塑胶花样品，走访经销商。他们被这些小巧玲珑、惟妙惟肖的塑胶花弄得瞠目结舌、眼花缭乱。其中不少经销商是长江的老客户，他们简直不敢相信，就凭长江破旧不堪的厂房，老掉牙的设备，能生产出这么美丽的塑胶花？真是"士别三日当刮目相看"。

"这是你们出品的吗？"一位客户狐疑地问道，"论质量，可以说与意产的不分上下啊！"

听他这么说，李嘉诚欣喜不已，说："你们大概是怀疑我从意大利弄来的吧？"

李嘉诚心平气和地微笑道："有机会，你们可以将两者比较，看看是港产的，还是意产的。"

众人端详着眼前的塑胶花，确实与印象中的不同，虽然不及国外产品的细腻，但它的确栩栩如生，几乎不输于真正的花草。而且在众多的样品中，有几样完全是中国人喜爱的特色品种。

"欢迎各位去长江看看，长江虽然还是老厂房，可生产塑胶花的设备却是新的，研制塑胶花的都是新人，当然，现在的事业更是新的。"李嘉诚说。

过了经销商的鉴别关，接下来长江是以低廉的价格吸引了更多的经销商。

李嘉诚的报价，再次使他们目瞪口呆，物美价廉的产品，是没有理由不畅销的。于是，大部分经销商都非常爽快地按李嘉诚的报价签订供销合约。有的甚至为了买断权益，主动提出预付50%订金。李嘉诚考虑到不同经销商有不同的销售网络，他尽可能避免重叠。

很快，塑胶花风行香港和东南亚。老一辈港人对此至今记忆犹新：那时几乎是在数周之间，香港大街小巷的花卉店里，摆满了长江厂出品的塑胶花。大众的家里、大小写字楼，甚至汽车驾驶室里，都能看到长江生产的塑胶花。由此开创了一个塑胶花家饰的时代。

李嘉诚的塑胶花在香港掀起的这场消费新潮，使得长江塑胶厂蜚（fēi）声香港业界，这也标志着李嘉诚的转轨行动初战告捷。

✸ 稳健发展 ✸

工厂的经营稳定之后，李嘉诚逐渐认识到一间小厂房难有大发展，于是他开始到亲友中集资招股，筹集的资金用于租赁厂房，添置设备。而后李嘉诚再次赴意大利考察塑胶花的改良工艺，同时向欧洲的先进企业学习管理方式。他

◎招股：就是募集股金，出资人依据自己的出资在公司中取得股份，然后参与分红，根据具体情况，有些人参与公司的管理，有些人则不能参与公司的管理。

看到，但凡私家企业的发展，必受到资产的限制，发展起来也必定会受阻，所以李嘉诚更看好股份制企业，这样企业能够迅速募集大量资金。

说干就干，为便于企业的发展，1957年年末，长江塑胶厂改名为长江工业有限公司，公司总部由新蒲岗搬到北角，李嘉诚任董事长兼总经理。厂房也扩大为两处，一处继续生产塑胶玩具；另一处生产塑胶花。李嘉诚把塑胶花作为重点产品。

在不失稳健的情况下，长江的市场进一步扩大。此时，李嘉诚欲将产品打入国际市场。长江想要进入欧美市场，途径只有一个，那就是通过本港的洋行，他们在欧美设有分支机构，拥有稳固的客户，双方都已建立了多年的信用。香港的塑胶花也是通过这样的途径进入欧美市场的，李嘉诚也接受过不少本地洋行的订单。但他不满意，这种交易方式无法有效掌握消费者的反应——塑胶花具体销往何国何地？代理商是谁？批发价、零售价是多少？销路如何？消费者有何反应？这种无法掌控销售的方式是他所不能接受的。

通过调查，李嘉诚了解到，境外的批发商也希望直接与香港的厂家做生意，绕过香港洋行这个中间环节，这对双方都大有好处，只是彼此都没有途径搭线。于是他一方面派出得力的营销干将径赴欧美；另一方面，又对境外来港的批发商采用抢先接待的办法进行沟通合作。绕过了卡在其间的洋行，李嘉诚牢牢地掌握了主动权。他直接从欧美批发商手中取得订单，价格上双方都得到了实惠。更重要的是，李嘉诚从此摆脱了洋行的控制。

打开国外市场的缺口后，李嘉诚手中捏着大量订单，还有接连不断的订单从四面八方飞来。他不惜重金网罗全港最优秀的塑胶人才，不断地推出新样品。可是，长江毕竟是一个小厂，因为资金有限，设备不足，生产规模受到很大阻碍，无法继续扩大。而李嘉诚也担心发展速度过快会陷于前几年的被动局面，所以他不敢放手接受大宗的订单。

正当李嘉诚全力拓展欧美市场并为此伤透脑筋之时，一个意想不到的机遇来到他面前。有位欧洲的批发商，来北角的长江公司看样品，他对长江公司的塑胶花赞不绝口，并要求参观长江公司的工厂，他对能在这样简陋的工厂里生产出这么漂亮的塑胶花，甚感惊奇。这位批发商快人快语：

"我们早就看好香港的塑胶花，它的质量品种，处于世界先进水平，而价格却不到欧洲产品的一半。我是打定主意定购香港的塑胶花，并且是大量定购。你们现在的规模，实在满足不了我需要的数量。李先生，我知道你在资金上有些困难，我们可以先行做生意，条件是你必须有实力雄厚的公司或个人担保。"

找谁担保呢？担保人不必借钱给被担保人，但必须承担一切风险。被担保人一旦无法履行合同，或者丧失偿还债务能力，风险就落到了担保人头上。

某篇文章中，曾这样记述李嘉诚寻找担保人：在香港这个认钱不认人的社会，金钱关系更胜于至亲挚友关系。求人

如吞三尺剑，位卑财薄的李嘉诚，只有硬着头皮，去恳求一位身居某大公司董事长的亲戚，这位大亨亲戚岔开话题而言他，令李嘉诚碰一鼻子灰，陷入山穷水尽之中。

第二天，李嘉诚来到批发商下榻的酒店，俩人坐在酒店的咖啡室里，咖啡室十分幽静，李嘉诚拿出9款样品，默默地放在批发商面前。李嘉诚的内心，太想做成这笔交易了，该批发商的销售网遍及西欧、北欧，那是欧洲最主要的市场。李嘉诚未能找到担保人，还能说什么呢？他和设计师通宵达旦，连夜赶出9款样品，期望能以样品打动批发商。若他产生浓厚的兴趣，看看能否宽容一点，双方寻找变通；若不成，就送给他做留念，争取下一次合作。

9款样品，每3款一组：一组花朵，一组水果，一组草木；批发商全神贯注，足足看了十多分钟，尤其对那串紫红色的葡萄爱不释手。批发商的目光落在李嘉诚熬得通红的双眼上，猜想这个年轻人大概通宵未眠。他太满意这些样品了；同时更欣赏这年轻人的办事作风及效率，不到一天时间，就拿出9款别具一格的极佳样品。他记得，他当时只表露出想定购3种产品的意向，结果，李先生每一种产品都设计了3款样品。接着谈生意，李嘉诚直率地告诉批发商：

"承蒙您对本公司样品的厚爱，我和设计师花费的时间和精力总算没有白费。我想您一定知道我的内心想法，我是非常非常希望能与先生做生意；可我又不得不坦诚地告诉您，我实在找不到殷实的厂商为我担保，十分抱歉。"

批发商目光炯炯地看着李嘉诚，未表示出吃惊和失望。于是李嘉诚用自信而执著的口气说："请相信我的信誉和能

力，我是一个白手起家的小业主，在同行和关系企业中有着较好的信誉，我是靠自己的拼搏精神和同仁朋友的帮助，才发展到现在这规模的。先生您已考察过我的公司和工厂，大概不会怀疑本公司的生产管理及产品质量。因此，我真诚地希望我们能够建立合伙关系，并且是长期合作。尽管目前本公司的生产规模还满足不了您的要求，但我会尽最大的努力扩大生产规模。至于价格，我保证会是香港最优惠的，我的原则是做长生意，做大生意，薄利多销，互利互惠。"

李嘉诚的诚恳执著，深深打动了批发商，他说道："李先生，你奉行的原则，也就是我奉行的原则。我这次来香港，就是要寻找诚实可靠的长期合作伙伴。互利互惠，只要生意做成，我绝不会利己损人，否则就是一锤子买卖。李先生，我知道你最担心的是担保人，我坦诚地告诉你，你不必为此事担心，我已经为你找好了一个担保人。"

李嘉诚愣住了，哪里有由对方找担保人的道理？批发商微笑道："这个担保人就是你。你的真诚和信用，就是最好的担保。"

两人都为这则幽默笑出声来。谈判在轻松的气氛中进行，很快签了第一单购销合同。按协议，批发商提前交付货款，基本上解决了李嘉诚扩大再生产的资金问题，但是这位批发商主动提出一次付清，可见他对李嘉诚信誉及产品质量的充分信任。

从此，长江工业公司算是站稳了脚跟，并在香港塑胶企业内有了相当的竞争力。

在接下来的日子，欧美各国对塑胶花的需求量在不断增加，就连中下等家庭也渐渐养成了插花的习惯，有这位批发商的销售渠道做保证，他的塑胶花产品开始走向了世界各地。长江工业公司在李嘉诚的管理下，迎来了香港塑胶花制造业最光辉的时期。

鼎盛时期的李嘉诚，没有停步不前，而是不断进行创新。他不惜重金招聘专业人才，研制出接近天然花的喷色塑胶花、特种花、热带新奇花卉，以及具有中国传统特色的中国特种花，这些正是欧美用户最感兴趣的。李嘉诚也全方位地争取到了海外买家的长期合约，营业额得以迅速增长。

长江公司的塑胶花完全地占领了欧洲市场，营业额和利润都成倍增长。长江工业公司的塑胶花和李嘉诚本人也愈来愈受到社会各界的瞩目。

1958年，长江公司的营业额达到1000多万港币，纯利润为100多万港币。

塑胶花帮助李嘉诚掏得平生的第一桶金，他也赢得了一个称号，叫做"塑胶花大王"。

第四章

华人富豪

◆ 初涉地产
◆ 超越置地
◆ 进军电信
◆ 永不言败

初涉地产

投身地产业，这个念头在李嘉诚心中早已酝酿有数月之久。他白手起家摸爬滚打数年，就有将生意做大的计划，只是苦于时机没有成熟。塑胶花的成功给他带来了生平第一桶金，为他实现人生构想奠定了基础，也为他向更新的领域进军解除了后顾之忧。

查看近几年的福布斯排行榜，我们可以发现：百亿身价的超级巨富中，90%以上都是地产商或兼营地产的商人。然而在当时，情况却并非如此，大富翁分散在金融、航运、地产、贸易、零售、能源、工业等多种领域内，地产商在富豪家族中无论从人数上还是从财富拥有量来说都不算突出。这

◎福布斯排行榜：1917年创立的福布斯杂志，在编制各种排行榜方面有86年历史，1982年首次推出富豪榜在全球产生空前影响，现在，一年一度的福布斯全球亿万富翁榜在全世界受到密切关注。

同时也意味着，房地产在当时还不是最热门最赚钱的行业，还没有发展到成熟的规模，也没有引起人们足够的重视。

李嘉诚却以独到的慧眼，窥得了这一先机。他对这一领域的巨大潜质和广阔前景深信不疑，结果他又一次成为另一个领域中的先行者。

香港是开放、博大的，在这里，每天都有日新月异的变化，人口的增加和经济的发展尤其显著。这是李嘉诚早已

看在眼里的，他在心里暗自盘算：1951年，香港人口才刚过200万，20世纪50年代末，就已逼近300万。人口增长，首先对住宅的需求量会增多。其次，随着经济的飞速发展，写字楼、工业厂房、商业铺位等这些商业用房肯定会越来越走俏。然而，香港的房地产行业发展速度却远远跟不上，房屋的增加量却总是跟不上需求量。如此下去，随着需求量的继续扩大，这个巨大的市场空间将是难以估量的。

李嘉诚又分析出：香港不仅空间狭小，而且地形多山，人口密度也非常大。在这样有限的土地上，却要承载无限的需求，再加之香港政府采取高地价政策，寸土寸金，房贵楼昂，是现实所致，从这个角度来说，房地产的未来形势必将一片光明！

对于香港地皮金贵这一现实，李嘉诚可谓深有体会，这也是他为什么会突然集中精力分析房地产发展前景的诱因之一。事实上，一直以来塑胶厂房的问题都给他带来很大的困扰：身为塑胶行业一业之主，李嘉诚多次为厂房的事伤透脑筋，寻找交通

◎地皮：指可供开发利用的建筑地段或场地。是土地使用中一种通俗的用语。

便利、租金适宜的厂房可以说难上加难。李嘉诚为了增加利润曾多次想扩大生产规模，但每次实施所谓的扩大规模的计划时都是在现有的厂房内重新布局，车间里设备、人员、制品，挤得水泄不通，无法从实质意义上解决问题。

为此李嘉诚的脸上常常出现愁容，这可不是他一贯的作风，眼明心细的爱妻庄月明对这一切更是看在眼里，急在心

头。一天，当李嘉诚拖着疲惫的身躯回到家时，他没有像往常那样急着跟妻子聊天，而是直接倒在了沙发上，沉重的心理压力加上身体的疲惫让他什么话都不想说。贤惠的庄月明挂好丈夫刚脱下的外套后，便转身进了厨房，一会儿工夫，便从厨房端出了热腾腾的咖啡，她斜身坐在了躺在沙发上的李嘉诚身旁，关切地问道："嘉诚，你这几天怎么了？总是跑这跑那，是不是在为厂房的事发愁？"这一句话正问到了李嘉诚的心里。李嘉诚心里泛起阵阵感激之情，也为妻子一眼看出自己的心思不免有些讶异：难道自己表现得太明显了？不过仔细想想这也不奇怪，这几年妻子对自己的照顾真可谓是无微不至，当然对自己的想法也是了如指掌，更何况作为香港钟表业老行尊庄静庵的女儿，妻子从小就受其父影响，其商业智慧岂是等闲之辈可比？

庄月明一边替李嘉诚按摩肩膀，一边望着李嘉诚略带愁容的脸说："香港工业化进程出人意料的迅速，物业商们都喜不自禁，为获利都纷纷趁势提租，这谁都知道，而且许多物业商只肯签短期租约，当用房到期商谈续租时，他们又会趁机提出加价，租房者苦不堪言。如果我们买下地皮建起厂房，不仅解决了我们自己的问题，说不定还能赚上一笔。"

庄月明的这番点拨令李嘉诚立时茅塞顿开，形势逼得他不得不静下心来去构想：我要有自己的厂房该多好，那就用不着受物业商任意摆布了，而且还很有可能大赚一笔。妻子的提议太好了，虽然这之前他已有这种念头，但也只是在脑海中一闪而过，妻子的提醒使他的构想更加明朗化：为什么自己不做一个地产商呢？

李嘉诚是个十足的行动家，他决不会做"口头上的将军，行动上的矮子"。

一天，当他独自驱车去郊外兜风时，无意中看到一处正在施工的建筑工地，许多建筑工人正在那里忙碌；他依稀记得这片土地前不久还是一块稻田，可是几天的工夫一座楼房已经粗具规模。这对他的触动很大，使他不得不承认，香港的发展真是快啊！——是啊，为什么没想到搞房地产呢？李嘉诚下车望着绿油油的草地，用他睿智的头脑，反复地计算起来，最后，他做出了决断，这个决断把他引上了通向世界级富豪的道路——进军房地产。

之后，李嘉诚经常考察香港各区的发展现状，分析各区未来的前景。做足了功课之后，他最终相中了北角和港岛东北角这两个区域。筹钱买下地皮后，李嘉诚很快便采取了行动。

1958年，李嘉诚在繁盛的工业区——北角购地兴建一座12层的工业大厦。

1960年，他又在新兴工业区——港岛东北角的柴湾兴建工业大厦。

虽然李嘉诚看准了房地产的无限前景，但一向以稳重著称的他仍采取谨慎入市、稳健发展的方针，他没有像别的房地产商一样走捷径——预售楼花，也就是我们现在常说的卖期房，而是等建成之后一起出租。

通常，卖楼花能顺利地把楼卖出去，加快资金回收，弥补地产商资金不足的问题，增加地产商的信心。这一策略是霍英东于1954年创造的，在此之前的地产商都习惯于建成之后才慢慢回收资金，但是霍英东是先把地皮买下来，然后就开始预售楼盘，将其分层分单位预售，得到预付款之后，才开始动工。

然而，稳重的李嘉诚认真研究了这种销售方式之后，他发现：地产商的利益与银行休戚相关；地产业的盛衰会直接波及银行；二者关系如此紧密，只要一方出现问题，就会出现恶性的连锁反应。所以，过多地依赖银行，不一定会有好的结果。

在这方面，李嘉诚最看好的是香港当时最大的地产商——英资置地公司的一贯做法，他们将收益的重点放在物业的出租上。置地公司经过半个多世纪的稳固发展，成为了香港最大的地产商，旗下拥有大量大厦物业。对他们来说，这些物业，就是他们永远的聚宝盆。

这种做法，正中李嘉诚的下怀。李嘉诚决定不管资金多么紧张，也不选择卖楼花来加速建房进度；他尽量不向银行抵押贷款，或会同银行向用户提供按揭。宁可少建或不建，他也要按自己的路子行事。

◎"按揭"一词是英文的粤语音译，指以房地产等实物资产或有价证券、契约等作抵押，获得银行贷款并依合同分期付清本息，贷款还清后银行归还抵押物。

出租，虽然成本回收比较慢，但它有明显的好处，就是香港当时的房价在不断上涨，相应的，租金也在不断攀升。预先将房出售出去，可以在短期后谋取暴利，但出租这种方式，却有着长期的滚滚不断的收入，并且这收入还不低。

李嘉诚的预测果然无误。事情的发展像事先安排好一样，现在的地价不断升值，李嘉诚大可坐收渔利。他储备了大量土地，拥有大批物业，渐渐成为香港最大地主，诚然，当时地产界的许多人士都认为李嘉诚的作风过于保守，与地产界的经营潮流不相符。但是殊不知他的这种做法是放长线钓大鱼，这种对牢牢把握房地产、不断追求它增值是为了谋求更长远的发展，更经得起考验。

李嘉诚给自己的定位就是一位长期投资者，而且，还算是长期投资者中的保守派，步步为营、稳扎稳打是他一贯坚持的经营思想。所以，在别人拼命地追求短期效益的同时，李嘉诚也在香港各地寻购地皮，建造楼盘，除非万不得已，绝不依赖银行贷款，很多项目都是完全靠自筹资金完成的。公司下属的塑胶部也算是李嘉诚的老本行了，其经营状况良好，盈利不少，为他的地产业提供了强大的后备资金。

1965年2月，香港发生了严重的银行信用危机，人心惶惶，投资者及市民纷纷抛售房产，离港远走。香港房地产价格暴跌，地产公司纷纷倒闭；1967年，香港更是发生反英暴动，进一步使房地产市场陷于死寂。

不过，李嘉诚却看好香港工商业的前景，认为香港这个商机十足的殖民地，不会久乱；他反行其道，在人们贱价抛售房产的时候，却大量购入地皮和旧楼。不出3年，风暴平息，香港社会恢复正常，经济复苏，大批当年离港的商家纷纷回流，房产价格随即暴涨。李嘉诚趁机将廉价收购来的房产，高价抛售获利，并转购具有发展潜力的楼宇及地皮。70年代初，他已拥有楼宇面积共630万平方英尺。

超越置地

到1970年，李嘉诚早已步入了亿万富翁的行列，金钱对他来说只是一个数字了，他所追求的东西早已由金钱变成事业上的精进和超越。

1976年，严重影响中国内地和香港经济发展的"文化大革命"结束。国际大环境和中国内地环境更加宽松，政治气候的转变给香港带来了更大的发展空间，香港经济由工业化阶段逐渐向多元化阶段转变。

已经富甲一方的李嘉诚此间已成立长江地产有限公司，决心集中物力、财力、精力大力发展极具发展前景的房地产

业。李嘉诚是一个目标远大的人，在第一次公司高层会议上，他就满怀信心地提出："我们要以置地公司为标尺，不仅要学习置地公司发展的成功经验，还要在学习中不断发展所学到的经验，要让我们的长江地产有限公司超过置地公司的规模。"

李嘉诚言及的香港置地有限公司是大有来头的，它是1889年由英国商人保罗与怡和洋行杰姆凯瑟克一起创办的，当时注册资本就高达500万港币，时为香港最大的地产商。经过半个多世纪的发展，早已跻身世界房地产大鳄的行列了，在香港更是遥遥领先。而且，除房地产的业务之外，置地公司还兼营酒店餐饮、食品销售等，其业务网络以香港为重点，兼顾周边14个国家与地区。

李嘉诚话音未落，与会人员都震惊了，就连李嘉诚身边的左右手都疑虑万分，其中一位更是疑惑地站起来问道："与置地等地产公司比，我们还只能算小型公司，这有可比性吗？"

"有！"李嘉诚坚定地回答说："哪个成功的公司，不是由小到大，从弱到强，一步步发展起来的呢？我们做任何事，都应有一番雄心大志，立下远大目标，才有压力和动力，如果我们自己都不相信自己，还有谁能相信呢？"

"当然，目前长江的实力，远不可与置地同日而语。但我们可以先学习置地的经营经验，置地能屹立半个多世纪而不倒，得益于它以收租物业为主、发展物业为辅的方针；置地不求近利，注重长期投资。所以今后长江，也将以收租物业为主。"

"置地的基地在中区，中区的物业已发展到极限，我们没必要在中区跟它纠缠，完全可以从别的地区着手。"

"我当初创办长江公司的时候，连拼带凑一共才不到5万，而且一块地也没有。现在呢，先不说资金，我们起码拥有了35万平方尺的物业。这个速度谁能比？置地能比吗？现在如果我们集中发展房地产，增长速度将会更快。所以说，超越置地，是完全有可能的。"

然而，李嘉诚这番有理有据充满自信的言论，并未使在座的各位全然信服。毕竟长江和置地的差别过于悬殊，好比一个在天一个在地，几乎所有人都认为要实现这个目标，李嘉诚不仅需要发挥他"超人"的思想，更需要借助"神仙"的本领。

当年香港地产界有句话叫做"撼山易，撼置地难"，可见它在人们心目中的地位。且不说"长实"上市时仅1亿元的资金，就是它火箭般发展到1976年的时候，总资产也才近6亿元，相比"新世界"的10亿元资产固然不如，与置地公司的80亿元资产更是没法比。要超过置地确实不是一般人能够想象的。

然而，李嘉诚自有他超人般的手段，一切仿佛都在按计划进行，一切都那么顺顺当当。

超人就是当别人觉得不可能的事情，李嘉诚总能坚韧不拔，靠非凡的付出获得凡人不敢去想象的成功。他凭借过人的商业智慧，最终赶超了置地，完成了很多人都认为不可能完成的任务。这其中，他敢于超越的精神，勇于挑战的豪情熠（yì）熠发光。

◎股权：是指股东因出资而取得的、依法定或者公司章程的规定和程序参与事务并在公司中享受财产利益的、具有可转让性的权利。

后来，李嘉诚的公司又成功上市，到了1980年11月，长江实业又成功地拥有40%的和记黄埔股权。和记黄埔是一家大型企业，拥有了它，李嘉诚的身价又晋升到了一个新的台阶。

进军电信

李嘉诚是一个乐于接受新事物、积极接受新思潮的人。他一生都在学习，然而，他从来不将自己埋在故纸堆中，也绝不允许自己的思想保守与僵化。他曾经谈到，他要试图去了解他的孙女们在想什么，有了这样的思维，李嘉诚的企业也就不可能落后于时代，相反，是在积极地引领着时代。当他公司的具体事务已经有专门人手打理时，李嘉诚更多的时间用在了思考上，他思考的是公司十年、二十年后的变化。所以他的公司不是昙花一现，而是逐步成长，最终成了superstar。李嘉诚在电信方面的大手笔可以说是李嘉诚积极进取、勇于变化的一大成果。要知道，从传统的地产扩展到高科技的电信，中间有不少的鸿沟，有句话叫做"隔行如隔山"。这座山让大多数人望而却步，李嘉诚却成功地逾越了这座大山。

伴随着经济全球化的潮流，经济发展多样化也是必不可免的趋势。对此，李嘉诚制定了全球化、多元化发展的战略，一方面大力向海外和内地开疆拓土，另一方面把眼光投向了高科技产业。

李嘉诚是一个既具有传统的靠吃苦耐劳打天下的斗志，又善于接受新知识和新观念的人，他早就认识到了科技的力量，并早已悄然着手在欧洲、美洲、亚洲以及非洲扩建自己的"通信产业王国"。

其实早在1989年，他已经开始在英国投资电信业，虽然几年下来一直盈利不佳，但是这为他后来"卖橙"埋下了伏笔。1996年，李嘉诚重组在英投资，组建了橙子公司在英国上市，其总投资是84亿港币。

1999年，奇迹终于出现。李嘉诚将橙子公司的部分股票卖给德国经营电信业的一家大公司，并与该公司进行了换股。最后的结果是：李嘉诚仍然拥有这家公司的控股权，并成为该

◎换股并购：是收购公司将需要支付给被收购公司的现金置换成本公司的股权。被收购方不收到现金，而是收到收购公司的股票。对收购方而言，不用交付现金，比现金支付成本要小许多。

公司第一大个人股东，此外还得到1100多亿元的现金！

世界评论，此笔交易中，李嘉诚是零成本，而回报是1100多亿元的现金和大量的股权！这笔交易轰动全球，也改变了李嘉诚"地产大王"的形象。

✳ 永不言败 ✳

　　但是李嘉诚的生意之路绝对不是一帆风顺的。然而，他从来不向失败低头，他总是坚韧顽强地抗争，直到胜利。人生道路上如此，商场上也是如此。

　　1993年9月12日，李嘉诚旗下的集团准备收购美丽华酒店，美丽华酒店是香港一家名列前茅的大酒店，收购了它，将完成李嘉诚从塑胶到地产再到多元发展的战略转型，但是，由于种种原因，特别是另一家大公司的半路杀出，跟李嘉诚争抢美丽华酒店，结果收购以失败告终；而这家公司的老总，却是李嘉诚的一个好友。这次收购的失败，对于长实而言，是一次不多见的挫折；李嘉诚受到了朋友的袭击，不能不说是个巨大的打击。

　　随着香港经济的迅猛发展，国际航运事业越来越集装箱化，李嘉诚旗下的国际货柜码头公司，已经拥有8个码头，李嘉诚雄心勃勃地要争夺9号码头。当时谁能夺得9号码头，要看政府中意哪家公司，政府拥有最终的决定权，当然，政府是公平公正的，不会有所偏袒。当李嘉诚踌躇满志，外界又十分看好他时，最后结果却让大家都大吃一惊，李嘉诚在9号码头4个泊位的竞标中，一无所获。因为政府不希望一家公司独大，要维持市场的竞争，从整个市场的公平出发，政府刻意提拔了其他公司，压制李嘉诚的公司。政府的做法无可厚非，但对李嘉诚而言，却是一个巨大的打击；受到了政府的压制，对他而言不可谓不沮丧。

1994年秋天，发生了"吉屋白蜡烛"闹鬼事件，李嘉诚公司兴建的楼盘销售得很火，不过当买家去看房的时候，却发现房内居然点着几支白蜡烛，而白蜡烛在大家看来是不吉利的，容易跟鬼联系在一起。此事也不止发生一次，且并非一处楼盘。从此消息不胫而走，媒体也大肆渲染，吓走了一大批置业者。这次事件是何人所为呢？却未查到肇（zhào）事者。有人说是发展商，有人说是发展商委托的几家代理商。李嘉诚又受到了同业间的排挤、恶性竞争。

李嘉诚与同业的竞争，莫过于与好友李兆基的拼杀了。

李嘉诚和李兆基是形影不离的高尔夫球友。但是，就是这两个朋友之间，却展开过几乎是你死我活的商业竞争。

李嘉诚的楼盘海怡花园建成出售，而另一家公司的新港城和也建成出售，两个楼盘就隔了一条马路，形成水火之势。对方减价售楼，减价后的价格比二手房价还便宜；还推出新政策，住户只要交一成的楼价就可入住；更新鲜的是举办幸运抽奖，10%的中奖率，中奖者可得十足黄金；开出了一系列吸引眼光的优惠条件。对方售房的经纪商，也是大肆挖苦海怡花园："我们这里潜质一流，有八佰伴购物中心，海怡相连街市都没有，商场又小，没的比。"当看房者说海怡有靓景时，经纪商笑道："论海景，马鞍山的都差，向西北；买新港的山景单位，向东南，岂不更好？"尽管李嘉诚最终赢得了这场商战的胜利，但是赢得十分惨淡和勉强，当时大家都认为，马鞍山一役的吃力，标志着李嘉诚在楼市独领风骚的时代结束。群狼林立，竞争越来越激烈，李嘉诚的日子绝不好过，风光的背后有着不为人知的艰辛与付出。

第五章

管理之道

- ◆ 任人唯贤
- ◆ 得人才兴
- ◆ 人尽其才
- ◆ 效率第一

✺ 任人唯贤 ✺

每当提起他的成功，李嘉诚总是坦然告知，良好的处世哲学和用人之道是他成功的前提。

白手起家的李嘉诚，在其长江实业集团发展到一定规模时，敏锐地意识到，企业要发展，人才是关键。一个企业的发展在不同的阶段需要有不同的管理和专业人才，而他当时的企业所面临的人才困境较为严重。李嘉诚克服重重阻力，劝退了一批创业之初，帮助他一起打江山的"难兄难弟"，果断起用了一批年轻有为的专业人员，为集团的发展注入了新鲜血液。与此同时，他制定了若干用人措施，诸如开办夜校培训在职工人，选送有培养前途的年轻人出国深造，而他自己也专门请了家庭教师学习知识、自学英语。

李嘉诚今日能取得如此巨大的成就，是和他回避了东方式家族化管理模式分不开的。他起用的那些洋专家，在集团内部管理上把西方先进的企业管理经验带入长江集团，使之在经济的、科学的、高效益的条件下运作；而对外，李嘉诚不但把西方人作为收购的主要对象，而且让西方人作为进军西方市场的主导。

精于用人之道的李嘉诚深知，不仅要在企业发展的不同阶段大胆起用不同才能的人，而且要在企业发展的同一阶段注重发挥人才特长，恰当合理地运用不同才能的人。因此，他的智囊团里既有朝气蓬勃、精明强干的年轻人，又有一批老谋深算的"谋士"。

在总结用人心得时，李嘉诚曾形象地说："大部分人都有长处和短处，需各尽所能、各得所需、以量才而用为原则。这就像一部机器，假如主要的机件需要用500匹马力去发动，虽然半匹马力与五百匹相比小得多，但也能发挥其部分作用。"李嘉诚这一番话极为透彻地点出了用人之道的关键所在。

除了精准的商业眼光、高超的经营手段，选人、用人绝对是李嘉诚的过人之处；李嘉诚身边的将才，无一不是李嘉诚用心血培育起来的。当然，他们也都充满感激地回报了李嘉诚的知遇之恩，为李氏大业立下了汗马功劳。

"如果你任人唯亲的话，那么企业就一定会受到挫败。"这是李嘉诚所信奉的用人之道。他说："我认为，亲人并不一定就是亲信。如果是一个跟你共同工作过的人，工作过一段时间后，你觉得他的人生方向，对你的感情都是正面的，你交给他的每一项重要的工作，他都会做，这个人才可以做你的亲信。如果一个人有能力，但你要派三个人每天看着他，那么这个企业怎么做得好啊!"

❈ 得人才兴 ❈

人称投资奇才的袁天凡虽然是在1996年才投到李嘉诚旗下的，但李氏对袁天凡的赏识，却要追溯到1986年。李嘉诚看中袁天凡之后，可不只是三顾茅庐这么简单。

李嘉诚为邀得袁天凡的加盟，历尽了从"峰回路转"到

"柳暗花明"的曲折历程。袁天凡的才华在香港金融界路人皆知。尽管两人交往甚密，但袁天凡却多次谢绝了李嘉诚邀其加入长实的好意。李嘉诚并不言弃，仍一如既往地支持袁天凡：荣智健联手李嘉诚等香港富豪收购恒昌行，李嘉诚游说袁天凡出任恒昌行行政总裁一职；袁天凡与他人合伙创办天丰投资公司，李嘉诚主动认购了天丰公司9.6%的股份。李嘉诚多年来的真诚相待，终于打动了孤傲不羁而才华出众的袁天凡，他应邀出任盈科亚洲拓展公司副总经理。在袁天凡的鼎力协助下，李嘉诚的儿子李泽楷孕育出了叫响香港的腾飞"神话"。

袁天凡曾公开表示，"如果不是李氏父子，我不会为香港任何一个家族财团做事。"袁天凡说，"他们(李氏父子)真的比较重视人才。"

从1979年就加入长实的霍建宁，则是李嘉诚亲手栽培的良将。

香港人都知道，李嘉诚旗下的公司盛产"打工皇帝"，这不仅仅因为这些是香港最有实力的公司，更因为李嘉诚对人才的重视。其中以年收入2.7亿港币新登"打工皇帝"宝座的霍建宁，身负多少李氏的重托与信赖自不必言。

身为怡和贸易代表的英国人马世民，到长实公司推销冷气机。虽然李嘉诚一般不过问此类业务，但马世民却一再坚持要求面见李嘉诚；他的倔犟吸引了李嘉诚，这次偶然的接触，在彼此间都留下了相见恨晚的印象。后来时机成熟，李嘉诚不惜重金收购了马世民创办的工程顾问公司，延揽了马世民这位不可多得的人才。

古有"千里马常有，而伯乐不常有"的感叹，然而，港人却盛赞李嘉诚具有九方皋相马的慧眼。李嘉诚正是因为极为高明地辨识和使用了众多的"千里马"，他指挥的高速前进的商业巨舰，才驰骋商场几十年而无坚不摧、无往不胜。

"得人才者兴，失人才者亡"，这是企业的生存法则。人的强大不仅仅在于提升自身的智慧，还在于凝练他人的智慧为我所用。善集众人之智慧于一身者，方能成大事、做巨人。

李嘉诚在商界以坦诚和守信著称。李嘉诚说："以诚待人是我生活上坚守不移的原则。"正是那广为传颂的诚信美德，使得众多出类拔萃（cuì）之才纷纷因他而来、由他而聚，心悦诚服地为李家商业王国奉献自己的聪明才智。

李嘉诚谋事决策的成功，得益于多位顶尖智囊、高参、谋士的长期忠贞不渝的合作。杜辉廉是一位精通证券业务的专家，被业界称为"李嘉诚的股票经纪人"，备受李嘉诚青睐和赏识。李嘉诚多次请其出任董事均被谢绝，他是李嘉诚众多"客卿"中唯一不支干薪的人。但杜辉廉决不因为未支干薪而拒绝参与长实系股权结构、股市集资、股票投资的决策。我们无法知道杜辉廉这样做是怎样想的，但我们起码可以从这样的现象中，能够感觉到李嘉诚人格魅力在其中产生的巨大力量。为了回报杜辉廉的效力之恩，当杜辉廉与梁伯韬合伙创办百富勤融资公司时，李嘉诚

◎客卿：秦有客卿之官。请其他诸侯国的人来秦国做官，其位为卿，而以客礼待之，故称。后亦泛指在本国做官的外国人。此处指在另外的公司供职，但在李嘉诚的公司兼职的人。

发动连同自己在内的18路商界巨头参股，为其助威。在百富集团成为商界小巨人后，李嘉诚等又主动摊薄所持的股份，好让杜梁二人的持股量达到绝对的"安全"线。李嘉诚的投桃报李、知恩图报、善结人缘，更使得杜辉廉权力回报李嘉诚，甘愿为李嘉诚服务，心悦诚服地充当李嘉诚的"客卿"和"幕僚"。杜辉廉身兼两家上市公司主席的情况下，仍忠诚不渝地充当李嘉诚的股市高参。

《李嘉诚成功之路》一书这样写道："正因为李嘉诚善于把一批确有真才实学的智囊人物团结在自己的周围，'博采天下之所长，为己所用'，从而保证了他每在关键时刻能出奇制胜、化险为夷。"

李嘉诚说："决定大事的时候，我就算100%的清楚，也一样要召集一些人，汇集各人的资讯一齐研究。这样，当我得到他们的建议后，看错的机会就微乎其微。"

李嘉诚能够并善于突破固有的、传统的育才模式，而紧跟时代的潮流，创立出新的、适合企业实际需要的人才培育模式，为公司的发展、壮大奠定了坚实的人才资源基础。

李嘉诚送长江实业的元勋周千和及其子周年茂赴英国专修法律，体现出其培育人才的超人眼光和魄力。周年茂还在学生时代，李嘉诚就把他作为长实未来的专业人士来培养。父子两人同行出国进修，如此优厚的待遇开了长实公司培养人才方法之先河。周年茂学成后，被李嘉诚指定为长实公司发言人，两年后凭业绩被选为长实董事。周千和升为董事副总经理，父子俩均成为长实公司的得力干将。

李嘉诚悉心培育儿子李泽钜和李泽楷的过程，更是可圈可点。在李氏兄弟很小的时候，李嘉诚就常带他们挤电车和大巴士，甚至观察一个卖报小女孩边卖报边做功课的情景，让他们感受平民子女求学的艰难；在兄弟俩念中学时，李嘉诚经常让他们聆听公司的会议，用李嘉诚的话说："带他们到公司开会，不是教他们做生意，而是让他们知道：做生意不是简单的事情，要花很多心血，开很多会议，要有许多人帮助，才能成事。"

当李嘉诚的大儿子李泽钜15岁、小儿子李泽楷13岁时，他们被送去美国读书，上学期间需要的零花钱，要靠他们自己业余时间打工获得。李泽钜在麦当劳餐厅做夜间兼职，每晚打工到深夜的经历，使他不仅懂得了挣钱的艰辛，而且磨炼了身心；李泽楷在高尔夫球场当了3年多球童的异常辛苦的经历，使他悟出了不少灵活变通的道理，并为日后经商打下了坚毅不屈的性格基础。不久，两个儿子迅速在商界脱颖而出，并有"小超人"之美誉。李氏兄弟说："父亲从小对我们的培养教育是我们最值得感谢的。我们从父亲那里学到的不仅仅是怎样成为一个出色的商人，一个赚钱的商人，而更为重要的是我们学会了怎样做一个正直的商人。"

✳ 人尽其才 ✳

李嘉诚这样说过："人才取之不尽，用之不竭。你对人好，人家对你好是很自然的，世界上任何人也都可以成为你的核心人物。"李嘉诚叱咤（chà）商场几十年，经久不

衰，与其对人才常怀仁爱之心不无关系。

在企业创办不久，为降低成本改善经营状况，李嘉诚的企业被迫大量裁员。在企业遇到困难的时候，裁员是很正常的事，但是，李嘉诚却认为，员工失去工作就意味着没有了生活来源。从艰辛中走过来的李嘉诚对此体会尤深。李嘉诚坦率地承认，自己经营上的失误导致了裁员。他在向被辞退员工及家属表示歉意的同时承诺，只要经营出现转机，愿意回来的员工，仍然能在公司找到他们的职位。李嘉诚有诺必践，相继返回的员工都能比以前更加努力地从事本职工作。

李嘉诚说："我现在就算再有多十倍的资金也不足以应付那么多的生意，而且很多是别人主动找自己的，这些都是为人守信的结果。"

在亚洲金融风暴波及香港的时候，长江实业公司员工的公积金因外放投资受到不少损失。按理，遭遇这样的天灾大家只好自认倒霉，可李嘉诚却动用个人资金将员工的损失如数补上。宁可自己受损，绝不让员工吃半点亏的真情义举，这样的老板理当深得人心、深受员工的拥戴。常言道"以诚感人者，人亦以诚应之"；李嘉诚用个人的损失，换取了比金钱更重要的东西，那就是员工的尊敬、忠诚和感恩。

李嘉诚认为，企业家用人，首先要有"海纳百川"的容才之量；"宰相肚里能撑船"，说的就是企业家要有广阔的胸怀。企业家有容纳人才的心胸，才能吸引人才，任用人才，否则，人才就会离他而去。古言说得好"此处不容人，自有容人处"。企业家应善于任用各方面的"能人"，不能搞"武大郎开店"。企业家应该清楚地认识到，手下的人才超过自己的越多，越说明你会培养人、使用人，越能够吸引人才；有众多人才凝聚在你身边，你的事业才会不断发展，成就才会不断扩大。

李嘉诚说："长江取名基于长江不择细流的道理，因为你要有这样旷达的胸襟，然后你才可以容纳细流——没有小的细流，又怎能成为长江？只有具有这样博大的胸襟，自己才不会那么骄傲，不会认为自己样样出众。承认其他人的长处，得到其他人的帮助，这便是古人说的'有容乃大'的道理。"美国《财富》杂志曾评论说："李嘉诚极为重视与借助专业经理人才帮助他完成宏图大业。"

20世纪70年代初，李嘉诚聘请美国人Erwin Leissner任总经理，之后，又聘请美国人Panl Lyons为副总经理，这二人是掌握最现代塑胶生产技术的专家。长实公司董事局副主席麦理思是英国人，更是一名优秀的经济管理专家，长实与香港本地洋行和境外财团打交道，多由麦理思出面。李嘉诚入主和黄洋行后，提升英国人李察信为行政总裁。李察信离职后，李嘉诚又聘用了另一位英国人马世民任董事行政总裁。在和黄、港灯两大老牌英资集团的旗下，李嘉诚留任的各分公司的董事长、行政总裁多达数十人。李嘉诚说："我并没有想通过雇用外国人来表现华人的经济实力和华人社会地位的提高，我只是想，集团的利益和工作确确实实需要他们。"

在人才的使用上，会用人的人总能从实际需要出发，用最适合企业发展的人才。在李嘉诚庞大的商业王国中，只要是人才，就能够在企业中有用武之地。李嘉诚说："要知人

善任，大多数人都会有部分的长处，部分的短处，好比大象食量以斗计，蚂蚁一小勺便足够。各尽所能，各得所需，以量才而用为原则，这就是说，一个公司需要员工共同努力，才能完成发展公司的大业。就如在战场，每个战斗单位都有其作用，而主帅未必对每一种武器的操作比士兵纯熟，但最重要的是首领要非常清楚每种武器及每个部队所能发挥的作用——统帅只有明白整个局面，才能做出出色的统筹并指挥下属，使他们充分发挥最大的长处以及取得最好的效果。"

李嘉诚通晓唯才是举的用人方略。在集团内部，李嘉诚彻底摒弃家族式管理方式，人们看不到家长制作风的影迹，完全是按照现代企业管理模式进行运作。李嘉诚常说："唯亲是用，必损事业。"有位员工这样评价李嘉诚："对碌碌无为之人，管他三亲六戚，老板一个不要。"

李嘉诚善用年轻人。长江实业在20世纪80年代得以急速扩展及壮大，股价由最初的6港币上升到90港币，这和李嘉诚不断提拔风华正茂的年轻人有关。有"长实新型三驾马车"之称的霍建宁、周年茂、洪小莲，正是长实年轻才俊的杰出代表。霍建宁1985年任长实董事，两年后提升为董事副总经理，是年35岁，如此年轻就任香港最大集团的要职，在香港实属罕见；周年茂1985年任长实董事副总经理时才30岁出头，负责长实系的地产发展，具体策划了多项大型住宅屋的发展事宜，深负众望；由秘书成长起来的长实董事洪小莲，全面负责长实公司楼宇销售时年龄还不到40岁。正是这些青年才俊的鼎力相助，才有了李嘉诚演绎出巨额财富的惊天神话。

李嘉诚精于搭建科学高效、结构合理的企业领导班子团队。李嘉诚深知，企业发展在不同阶段需要有不同的管理和人才需求，适应这样的需要，企业就突飞猛进，否则，就要被淘汰出局。在李嘉诚组建的公司高层领导班子里，既有具杰出金融头脑和非凡分析本领的财务专家，也有经营房地产的"老手"；既有生气勃勃、年轻有为的港人，也有作风严谨、善于谋断的洋人；既有公司内部的高参、助手、干将，又有企业外部的智囊、谋士、客卿。曾

◎内阁：最初始于英国，中国在明朝始建内阁。内阁这一形式，为许多资本主义国家所采用，成为这些国家的最高国家行政机关。一般来说，所有政府大臣（部长）都是内阁阁员。

任和黄行政总裁的马世民把李嘉诚的左右手称为"内阁"。评论家说："这个内阁，既结合了老、中、青三代人的优点，又兼备中西方的色彩，是一个行之有效的合作模式。"

效率第一

港人喜欢把李嘉诚称为"超人"，而美国《商业周刊》则把李嘉诚誉为"全球最佳企业家"，他统领的"和黄"集团被美国《财富杂志》封为"全球最赚钱公司"。李嘉诚的成功秘诀，无疑是许多人都想知道的。在一次与香港中文大学工商管理硕士专业的学生座谈时，李嘉诚敞开心扉，与他们长谈了近一个半小时，从为人处世到家庭生活，从管理作

风到领导才能，知无不言，言无不尽，不怕向世人公开他的成功秘诀。

有学生问，要成为领袖，必须要有眼光、有理想、勤奋且有奋斗精神，除此之外，怎样才能做得比别人好呢？

李嘉诚回答说："要成为领袖，以上提到的基本素质是一定要有的。要清楚，无论从事什么行业，都要比竞争对手做得好一点。就像奥运会上的赛跑一样，只要快1/10秒就会赢。"就像他自己年轻打工时，一般人每天工作8～9小时，而他每天则工作16小时。除了对公司有好处外，个人得益更大，这样就可以比别人多学许多东西。面对香港今天如此激烈的竞争，这更加重要。只要肯努力一点，就可以赢多一点。

李嘉诚不到20岁就要挑起家庭的重担，年纪很小就出来工作，17岁时做一个批发商的营业员，18岁做经理，19岁为总经理，22岁创业。他至今也不忘记鼓励现在的年轻人，只要自身条件优越有充足的准备，在今天的知识型社会里，年轻人更容易突围而出，创造自己的事业。

李嘉诚如何领导下属，如何与下属相处，是许多学生关心的问题。李嘉诚从以下几个方面作了回答：

首先，他提出好员工的标准。李嘉诚坦率地说："在我公司服务多年的行政人员，有的已工作了很多年，有些更长达30年，什么国籍都有。无论是什么国籍，只要在工作上有表现、对公司忠诚、有归属感，经过一段时间的努力和考验，就能成为公司的核心成员。"在他眼里，忠诚犹如大厦的支柱，尤其是高级行政人员。在两个儿子加入公司前，他的公司内并没有聘用任何亲属，因为，亲属并不一定能成为亲信。

第二，他强调好的企业一定要有好的组织。他深有感触地说："机构大必须依靠组织。在二三十人的企业，领袖走在最前端便最成功。当规模扩大到几百人，领袖还是要参与工作，但不一定是要走在前面的第一人。再大就要靠组织，否则迟早会撞板，这样的例子很多，100多年的银行也会一朝崩溃。"

第三，他的管理模式融合中外，既讲科学，又重感情。他认为美国科学化的管理有它的优点，可以应付急速的经济转变，但没有人情，业绩不太好时进行大规模裁员。但是自己做不出，因为会令员工没有安全感，也会导致许多人突然失业。所以，融合两者的优点，以西方的管理方式，加上儒家的管理哲学，以保存员工的干劲和热诚，这样才可以无往不胜。

◎3G牌照即第三代移动通信牌照，无线通信与国际互联网等多媒体通信结合的新一代移动通信系统的经营许可权。就好比各行业的营业执照一样，得有国家有关部门许可才可经营此业务。

2000年8月，在已经拿到德国3G牌照的情况下，李嘉诚突然宣布放弃。

他的理由是要保持公司业务稳健发展。有学生当面向他提出，企业经营中如何处理谨慎与进取的关系。

李嘉诚首先指出，他是一个"很进取的人"，从他所从事行业之多便可看得到，但是他看重的是在进取中不忘稳健，原因是有不少人把积蓄购买自己公司的股票，所以一定

要对他们负责任，所以在策略上讲求稳健，并非不进取，相反在进取时要考虑到风险。他的原则是："在开拓业务方面，保持现金储备多于负债，要求收入与支出平衡，甚至要有盈利，我讲求的在于稳健与进取中取得平衡。船要行得快，但面对风浪一定要挨得住！"

李嘉诚做出重大决策时最看重的是数字，最强调的是事前准备。每一个决定都要经过有关人员的研究，必须有数字的支持，他对数字是很在意的，所以数字一定要准确。每次一开会就直入正题，从没有多余的话。每次开会前，他总要接触和了解有关事务，仔细研究员工们的建议，加上各部门同事各有的知识和专长，所以当下属提出一些有用的建议时，很快便得到他的接纳。他提到一次行政会议，在两分钟内批准了所有同事的建议，同事们很是惊讶："全世界没有一个总裁有如此高的效率！"

李嘉诚不仅要求员工这么做，自己也身体力行。他虽然是做最后决策的人，但每次决定前都做了充分准备，事先一定听取很多方面的意见，当做决定和执行时必定很快。他特别描述了当年卖"橙"公司（Orange）这个历史上最大交易的传奇经过："我事先不认识对方，也从未见过面，只听过他的名字，那次对方只有数小时逗留在香港洽谈。因为我事先已熟悉蜂窝电话的前途，做好准备，向对方表达清楚，所以很快便可做决定。"

下属最怕李嘉诚什么呢？最怕他问数字。一次，一个在香港知名度很高的同事向李嘉诚汇报数字时，李嘉诚感到有问题。但这个同事坚持自己的判断，还要和李嘉诚打赌，以高尔夫球棍为赌注。结果，第二天李嘉诚就收到一套新的高尔夫球棍。

李嘉诚的企业对香港的经济影响力很大，学生们自然希望李嘉诚能给香港的竞争力把一把脉。李嘉诚也非常坦然地指出，这是他和所有香港人都关心的问题。

他率直地说："面对今天的竞争，香港人需要抛开昔日自满的心理。"他认为，香港今天的问题在于贫富悬殊日益严重，将来香港的情形会与今天的美国一样，受教育多、知识水平高又用功的，收入会向上，收入低者则越来越萎缩。这是社会的经济转型，这是一个知识经济型的社会。

解决这一问题，李嘉诚的意见是要双管齐下。短期输入一些高教育水平的技术移民对香港至关重要；而长期则要加强教育，提高香港大学生的水平。

单是大学学历已不足够，希望有硕士、博士程度，才经得起考验，加上香港人一贯灵活和有拼搏精神的优点，便可与外国的强者竞争。

李嘉诚来自潮州，他热爱家乡。他把太多心血放在了家乡，没有任何一个生意比汕头大学更占用他的时间，最初10年他每次到汕大都工作至凌晨两三点。

李嘉诚热爱祖国。有这么一个故事，几年前，他去汕头大学开校董会，市领导安排在饭后会见大群记者，有人问："潮州人以你为荣，你又是否以身为潮州人为荣呢？"回答这个问题不可犹豫，李嘉诚在两秒内便回答道："我以身为中国人为荣。"

就此，李嘉诚道出了自己的心声："在我心中，同

事中有不同的民族，会说潮州话也不会有特别好处，潮州人有其长处，也有其短处；潮州人第二次世界大战前多从事米铺、木材、煤炭、苦力、拉车等工作，近几十年潮州家庭也注重第二代教育。但是必须记着，身为中国人，事业有成当然应该对家乡有贡献，更要有远大理想，不只中国，甚至放眼世界。"

李嘉诚是成功的，也许在很多人眼里，他只是一个成功的商人，一个商界的传奇。

不过，李嘉诚对此有不同看法："我首先是一个人，其次是一个商人！"是的，李嘉诚并不只是一个成功的商人，更重要的，他是一个成功的人。他明白如何去支配自己的财富，使它们更有意义。人之所以称其为人，是因为人拥有自己的信仰；人之所以有别于人，是因为人拥有自己的追求。对财富的态度正是李嘉诚有别于人的地方，我们或许可以把这种态度叫做：兼济天下，富之大者。

这位兢兢业业，老当益壮的斗士，直到今日，仍冲锋不止，战斗不止。相信，李嘉诚先生的晚年也必将再创辉煌！

第六章

家和万事兴

青梅竹马

李嘉诚的夫人庄月明是他的表妹，两人可以算是青梅竹马，两小无猜。不过，家境悬殊，表妹又出身名校，李嘉诚小学都没毕业，舅舅庄静庵最开始非常不乐意女儿下嫁李嘉诚。他最终又是如何破除层层阻碍，获得

◎青梅竹马：出自李白《长干行》："郎骑竹马来，绕床弄青梅，同居长干里，两小无嫌猜。"后来，用"青梅竹马"和"两小无猜"来表明天真、纯洁的感情。

表妹芳心的呢？这算是一个很长很长的故事了，香港很有名的媒体《明报周刊》，曾有一篇名为《李嘉诚与庄月明的爱情故事》的文章，开篇道："在香港的潮州人圈子里，流传着这样一段佳话：系出名门的表妹，不顾父亲的极力反对，与穷表哥恋爱、结婚。在表妹的鼎力支持(精神上和实际上)与鼓励下，表哥奋发图强，终于出人头地。之后，他的事业更蒸蒸日上，成为本埠富豪。"

佳话中的表哥，正是当今香港富豪李嘉诚，而表妹者，就是李先生的结发妻子庄月明女士。

庄月明比表哥李嘉诚小4岁，从小聪慧伶俐，被父母视为掌上明珠，她在教会办的英文书院念书，成绩优异。

出身富家名门的月明，为人大度宽容，从来都不嫌弃表哥穷。当初李嘉诚跟着父母刚来到香港舅舅家时，由于许多天的长途跋涉，加之本来吃得就很差，自然瘦得跟芦柴棒似

的，刚好又是在长身体的阶段，在舅舅家吃饭，吃相难免会偶尔不雅。那时候，月明每天都要送吃的给表哥，弄得他很不好意思，毕竟男女有别。后来他父亲给他讲"不受嗟来之食"的典故，李嘉诚就开始坚决拒绝表妹的好意了。

不过，这举动正好让表妹对他刮目相看，开始欣赏他那不甘屈服的个性。

当年李云经告诉李嘉诚要学做香港人，要与香港社会融为一体，第一步就是要过语言关，学广州话，改掉潮汕口音。李嘉诚后来能操一口流利的广州话与人交流，与表妹的付出是分不开的。那段时间，月明就是李嘉诚的广州话老师，他俩一个用心教，一个用心学，不久，李嘉诚便能用广州话与香港人交流了，月明十分高兴。香港的殖民教育无视中国的传统文化，眷恋中国文化而又忙于商务的庄静庵，敦促女儿向阿诚学念古典诗词。李嘉诚也就发挥自己的长处，教月明学习中国古典诗词。这更增加了两人在一起相处的时间和机会。

李嘉诚转入香港的中学念初中后，深为英语而苦恼。当时月明表妹已进英文书院读了半年书，上学前还跟家庭教师学了一年英语。于是，表妹又当仁不让地做了表哥的家庭教师，帮表哥补习英语。李嘉诚在学习语言期间的努力和认真深深地打动了表妹，她为表哥不服输的性格和执著所折服，她相信凭着这股劲头，表哥一定会成功。

一对"金童玉女"互相帮助、互相照顾，是当时庄李两家最为动人的风景。

那一段日子，也是李嘉诚辛酸中最温馨的回忆。

✹ 为爱立志 ✹

在那个嫌贫爱富的年代，两个人生路途迥异的年轻人究竟怎么会走到一起就自然而然会引起人们探究的兴趣。

不用怀疑，他们两人是从亲情、友情最后发展为爱情的。家境优越的表妹，一直在关注表哥的进步与成功，在精神上给予李嘉诚很大的慰藉（jiè）和支持。

李嘉诚在事业上的每一次进步，表妹都替他感到高兴。

庄静庵是个具有新思想的商人，重视子女教育，加之庄月明聪明好学，以优异的成绩毕业于英华女校，随即考入香港大学，获得学士学位，又北渡东瀛，留学于日本明治大学。青少年时代的庄月明，人生的道路上，开满鲜花，阳光明媚。

而李嘉诚的人生之路，却是那么辛酸，充满磨难。前面也说过，父亲去世

◎东瀛：中国文人过去喜欢称日本为"东瀛"或"扶桑"。"东瀛"一看就知其意，瀛是海中的岛屿，东瀛是东面的海洋国家，而"扶桑"据说是中国古代神话传说里的"太阳树"，因为日本在最东面太阳升起的地方，所以称之为"扶桑"。

后，迫于生活压力，他离开了学校，以瘦弱的双肩撑起了这个支离破碎的家。

从辛苦求学到茶楼伙计，再到钟表公司的学徒，种种磨难过早地降临，这一切使他比同龄人成熟多了。

甚至在他终于独立创业之时，因为白手起家，无父亲资

助的他，很长一段时期内，仍然是一位位卑财薄的小业主。

李嘉诚是个很有自知之明的人，他明白自己只有发愤图强做出一番事业来，才能配得上名门才女表妹。无形中，这也成为李嘉诚卧薪尝胆、奋发进取的动力。正是爱情的力量，让李嘉诚尽早地成为了一名真正的男子汉。在之后的漫长岁月中，李嘉诚在拼命工作之余更加勤奋地学习，丝毫不敢懈怠。随着年龄的增长，他对表妹的感情也在逐渐加深并有了更进一步的转变，他的内心深处越来越希望获得更多关于表妹的消息，开始越来越不由自主地关心表妹的事情。每当他在学业上或是在事业上稍有进步之后，他都最先想跟表妹分享，当这种感觉与日俱增时，他终于明白，在自己的内心深处强烈渴望能投入地爱一个人，也希望能有一个人同样地爱他；这个人就是表妹月明。

李嘉诚的努力，表妹都看在眼里记在心上，她从这个有为青年的身上看到他骨子里的那份真诚和可爱。这也是促使庄月明不顾外界的压力和世俗的眼光，执著追求的动因之一。当她与李嘉诚两小无猜的纯真感情随着年龄的增长转变为热烈的爱情之后，她不再回避表哥深情的目光。即使是远在异乡求学时，她也一直牵挂着在香港拼搏的表哥。李嘉诚走向社会之后，不管是在茶楼当伙计还是在钟表公司当学徒，表妹对李嘉诚都是一往情深，她在精神上对李嘉诚的慰藉和支持，鼓舞着李嘉诚战胜一个又一个的困难。

不过，不少人认为，李嘉诚与舅舅的关系，看起来好像并不是很亲密。其中到底是什么原因呢？

有人认为，当年李嘉诚不顾挽留毅然离开中南钟表公司，让庄静庵很是恼火。因此，李嘉诚后来自己艰苦创业，庄静庵就不是很乐意帮助他，所以后来李嘉诚做塑胶花生意时，国外批发商要他找个大人物担保，舅舅就没有帮他这个忙。也许他根本就没去开这个口，可能是不愿给舅舅添麻烦，或者从一开始就估计舅舅不会答应。不过这些都是外界传闻，李嘉诚自己也不愿向外人说起这些陈年旧事。

✸ 心心相印 ✸

当李嘉诚事业蒸蒸日上的时候，两人的爱情也该有个美好的结果，但好事多磨。虽然李嘉诚现在事业上有点成绩，但将来怎样还是未知数。所以，双方父母一直都谈不拢这事。就这样，两个年轻人在经历了长久的相思之苦后又不得不为爱情再次承受着各方压力，好在这时他们深知自己不是独自作战，感情上的互相扶持更加坚定了他们在一起的决心。

转眼又过了几年，到了1963年，李嘉诚35岁了，庄月明也已经31岁，两个年轻人对爱情的执著终于感动了庄静庵，同时李嘉诚的事业可以说是如日中天，这也是打动庄静庵的一个很重要的因素，他终于同意两人走到一起了。就这样，在一片祝福声中，在整个香港的关注下，李嘉诚终于牵住了庄月明的手，走进了教堂。

为了让爱妻过上好日子，

◎教堂：在信教人的生活中，教堂是一个重要的组成元素。西式婚礼多在教堂举行，有神职人员进行证婚。

李嘉诚花了整整63万港币买下一幢大房子，这就是李嘉诚现在的住址——深水湾道79号3层。李嘉诚当时虽然事业有成，但在20世纪60年代63万港币可不是一个小数字，一下子拿出这么多钱很不容易。所以有人说，这是他送给妻子的最好礼物，但在李嘉诚的眼里，爱妻的支持远比这些贵重得多。

婚后，庄月明加入了丈夫的长江工业公司，她以自己流利的英语和日语以及谦虚的作风，深得公司同事的尊敬。可以说，在生活上庄月明是李嘉诚的贤内助，事业上又是他的得力助手。

1964年8月和1966年11月，儿子李泽钜和李泽楷相继出生，庄月明就做起了家庭主妇，相夫教子，照顾家庭。在她的悉心教导下，李泽钜、李泽楷兄弟都很勤奋好学，凭着自己的优异成绩去了美国深造。

1972年11月，"长江实业"成功上市，这也是李嘉诚事业上的一个重大转折。庄月明重新出山，担任执行董事，辅助李嘉诚进行高级决策，李嘉诚有不少让世界震惊的决策，均含有庄月明的智慧。但她在公众面前始终非常低调，很少露面，也不怎么接受记者采访，把所有的成功都归功于丈夫一个人。所以我们能看到的关于她的消息很少很少，人们在谈论李嘉诚傲人的业绩时，很少会想起他背后的这个女人。

李嘉诚对于自己家庭和婚姻的事，一直都非常低调，不愿意让这些事成为媒体炒作的素材。更多的人，在揣测李嘉诚与舅舅为何不大合得来时，认为其中最主要原因就是两个人互相爱慕，最终必将走到一起，却从没有把李嘉诚称为庄

家的好女婿。从另一个角度也可以理解为：庄静庵不承认李嘉诚是自己的好女婿，起码，在结婚前后，他没有给予过两人任何物质上的支持。

当然，从事实上说庄静庵确有"嫌贫爱富"的嫌疑，不过在物质化严重的香港，这也是一种正常的心理，而且没有人希望将自己的女儿嫁给一个穷人，过苦日子。从另一个角度来说，这也是对李嘉诚最大的鞭策。

了解庄月明的朋友，都曾称赞她说："李夫人同李先生结婚后，立即参与长江实业，共同推进公司业务进一步向前发展。虽然长江实业当时已经具备相当规模，但如果没有李夫人的鼎力协助，长实也不会如此蒸蒸日上，一日千里。"

而在家庭方面，李夫人尽心尽力相夫教子，栽培泽钜、泽楷长大成人，这样李嘉诚就能把全部的精力放在工作上。

✹ 妻贤子孝 ✹

从1964年8月李泽钜出生到1966年11月李泽楷出世，李嘉诚就一直在考虑怎样抚养这两个孩子，使他们成为社会精英，而不是纨绔（wán kù）子弟。这是人生的又一大投资，从某种程度上来说比以前生意上的投资还要重要很多。

李嘉诚回想起自己辛酸难忘的童年，想到自己因为家里太穷而被迫辍学，想到自己在创业过程中多次都吃了没文化的亏，就更加坚定了他给儿子一个很好的自我发挥三个"的"空间的想法。

在与妻子进行研究之后，李嘉诚规划出了一套让儿子顺利成才的方案。

首先的一点，也是最最重要的一点，就是给予孩子足够多的家庭温暖，让他们充分地感受到父母的爱；其次当然就是要让孩子们接受最好的教育。

为了让孩子以后能够接过自己的重担，李嘉诚很早就开始对儿子进行这方面的熏（xūn）陶。当两个孩子才八九岁时，他们兄弟就会坐在董事局会议室里两把专门的小椅子上，进行耳濡目染的教育。不仅如此，在会后，李嘉诚会让兄弟俩提出自己不懂的问题，然后仔细地进行解答，丝毫不以一个大人的姿态去对待孩子，而是完全平等的交流，让他们从小就树立独立思考的能力和意识。

两兄弟都认为自己的父亲是这个世界上最实用、最专业的商业启蒙老师，小儿子李泽楷曾对外界说：

"我从家父那里学到的东西很多，最主要的是怎样做一个正直的商人，以及如何正确处理与合伙人的关系。"

"假如拿10%的股份是公正的，拿11%也可以，但是如果只拿9%的股份，就会使财源滚滚而来。"

当两兄弟在香港读完小学和中学之后，李嘉诚就将他们送到教育条件更好的国外去深造，希望他们能在国外学到更多、更新、更实用的东西。

两兄弟在美国留学期间，李嘉诚在关注他们学习方面的同时，更加关注的是性格及品质的培养，虽然家里富可敌国，但他还是常常鼓励他们自己勤工俭学。有一次，李嘉诚听说李泽楷在高尔夫球场用当球童赚来的钱资助家庭

◎球童是指在打球时为球员携带和管理球杆，并按照规则帮助球员打球的人。在高尔夫球场中，球童的态度常常能够影响到客人对该俱乐部的评价，这是因为在整个球场中，只有球童和客人相处的时间最长，他们的说话笑颜，正确的用语都直接影响着客人打球的好坏。

困难的同学的时候，非常高兴，夫妻二人对孩子们的成长欣慰不已。

中国有句俗话："富不过二代"，但李嘉诚认为并不是如此，因为"今天的教育、组织不同，令事业可以继续"。

他相信，父母采取不同的教育方法，对下一代的将来影响很大。当年他朋友的孩子去外地读书，买了一辆最新款的敞篷车，但是李家两兄弟买的只是两辆单车，在美国斯坦福大学行走也十分方便。直到有一天，他在9楼公寓等儿子回家吃饭时，看到一辆单车冒雨在车群中"之"字形穿梭，险象环生，看清楚才知道是其中一个儿子，而他到家时已浑身湿透，还背着重几十磅的书包。这时，李嘉诚才叫他们第二天去学车考牌，买一辆坚固的、老款的新车。

李嘉诚认为金钱或者物质与父爱是没有直接关系的。儿子在外地读书时，他给儿子开了两个银行账户，一个他们绝对不能动用，上面已准备足够他们完成博士课程的费用；至于使用另一个账户的钱，他们必须写信报告，会在24小时内收到回复，然后才可动用。后来因为他们功课太多，才通融了一下，改用电话说明。

在儿子去国外前，李嘉诚每个周日都拒绝所有应酬，带他们到一艘很普通的小游艇去，与儿子谈心，交流思想。

儿子们也很懂事，有一次，两个儿子收到了一件礼物，是一个很漂亮的坦克模型，几天后，他们却用花纸把玩具包好，送给了一名佣人，原因是那名佣人没钱买礼物给快要过生日的儿子。

李嘉诚的童年是苦涩的，他明白优越的家庭条件并非全是好事，很容易让一个人失去进取心。他在给予儿子良好教育的同时，又不忘对其进行磨炼，培养他们的自立能力。在孩子还很小的时候，李嘉诚一有机会就带他们去体会外面社会的艰辛。带他们坐电车，在路边报摊看小女孩一边卖报纸一边温习功课的那种苦学的场景。

儿子也特别体谅父亲的苦心，李泽楷到美国上学之后，虽然每个月都能收到父亲汇来的生活费，但因自幼受父亲"自立创业"思想熏陶，加之美国青年独立思潮的影响，他总希望可以自己赚钱，自食其力。

为了能够实现自力更生的目的，李泽楷瞒着父母，放学后跑到附近的麦当劳餐厅当兼职，做一个最低层的收款员。白天上课，夜晚打工的日子的确不容易，特别是受主管的气，最令他难受。为了节约，他学会了煮饭；虽然生活很难，但他仍坚持下来。李泽楷曾形容初到美国的那段日子"好像在地狱一样"。

对那段"地狱"般的生活，李泽楷很有感慨："在麦当劳卖汉堡包的经历，对我用处不算很大，因为卖汉堡包没有变化，全部都是机械地做，难以随机应变赚更多的钱。总不能降低汉堡包的售价来争取更多生意吧？而当球

童就不同了，在球场内，球童多，客人少，竞争很大，这份工作要有相当的进取精神和灵敏的观察力才可干得好，所以可学到的东西确实很多。这份工作的收入全靠'贴士'，所以你要有所选择。如果你想做一整天去拿到许多'贴士'，往往一天下来会累得精疲力尽……重要的是要小心地选择客人，从而使自己可以不必做太多工作，但又可多获'贴士'。去当球童虽是一项看似简单的工作，但当中的窍门要你自己去摸索。"

在兄弟二人的成长过程中，倾注了李嘉诚夫妇大量的心血。他们在让家庭的温暖时刻感染孩子们的同时，也严格要求他们知书达礼、谦逊做人，而绝对不允许他们像其他被娇纵坏了的"公子阶层"那样不知天高地厚、胡作非为。

可以说李嘉诚是以自己作为儿子的榜样，时刻严格要求自己。纵观他大半辈子的创业生涯，不管是穷小子还是大富翁，他都非常注重自己的行为和形象，一言一行都非常谦虚谨慎，没有落下任何话柄。大家可能都看得到他在慈善事业方面始终都是大手笔，但在自己的日常生活中，却是十分简朴。直到今天，他的手表、衣服都是非常普通的，而且，一幢房子从结婚一直住到了现在，这对于一个大房地产商来说，真的是难以想象。

李嘉诚的钱已经花不完了，他坚持不懈地努力工作更多地是为了社会、为了后代。

为了培养儿子独立处事的能力，积累更多的商业经验，李嘉诚允许两个儿子在大学毕业后，各自在加拿大创业一段时间，以证实自己的才华。李泽钜在加拿大的温哥华开设了一家地产开发公司，而李泽楷则在位于多伦多的加拿大投资银行担任最年轻的合伙人。

直到1990年初，家庭方面产生一些变故后，李嘉诚才将这两位龙兄虎弟召回香港，让他们留在身边，帮助自己，并继续传授人生经验给他们："注重自己的名声，努力工作，与人为善，遵守诺言，这些对你们的事业都非常有帮助。"

李嘉诚不仅仅是自己儿子的榜样，认识他的人，无一不把他作为教育孩子的楷模。

数年前的一个夏天，尚未大学毕业的李泽楷，利用暑假的时间在公司工作，曾半开玩笑地对父亲抱怨说，他是全公司待遇最低的职员。李嘉诚听后，笑着摇头说："不对吧，爸爸才是呢！"

直到今天，当人们问起李泽楷在公司的待遇时，李泽楷都会认真地说："父亲经常教育我们，创业初期，重要的是抓住机会锻炼自己，使自己学到真正的商业本领，而不去计较个人的得失。我现在是和黄集团的雇员，现在每月在和黄所支取的薪金，只及我在加拿大工作时的十分之一。可是我却非常喜欢目前这份富有挑战性的工作，特别是与一班在集团服务多年的同事共事，使我觉得很开心。"

在给两兄弟机会独自创业前，李嘉诚经常跟他们强调做生意最重要的是要稳健、重信用、守诺言，不要贪小便宜。他喜欢友善的交易，喜欢人家主动来找生意，也常教育两个儿子，要注意考虑对方的利益，不要想着占任何人的便宜。

李泽钜十分感谢父亲给了他创业磨砺的机会，在加拿大温哥华世界博览会旧址发展物业的项目中，曾遇到过各种

各样的难题，每当这时，李嘉诚总是相信儿子的独立处理能力，放手让他去处理每一个难题。苦尽甘来之后，李泽钜也由此得到了面对各种困难毫不畏惧的坚定信心。

可以说，在两兄弟的成长过程中，李嘉诚总是在教他们怎样做人，怎样从圣贤书中学到做人的道理。李嘉诚认为作为一名优秀的生意人，就是一直在跟人打交道，注意别人怎么想、怎么做以及做什么是最基本的要求。

李嘉诚在李泽钜和李泽楷念小学和中学的时候，每晚只要在家中吃饭，就会对他们兄弟二人讲做人的道理，两兄弟至今记忆犹新。

"从小到大，甚至到现在，家父从来没有教我们怎样赚钱，不过什么钱不应该去赚、用什么方式赚钱是绝对不可以的，家父则时常提醒我们。"

可以说，在中国这样一个以孝为先的传统社会，李嘉诚的家教是非常成功的，传统又现代，外界对此都美慕不已。1990年6月27日，香港新闻界以《李嘉诚部署子承父业，龙兄虎弟崭露头角》为题，专门报道了两兄弟。

访问李泽钜的记者对这位富家公子的印象颇佳，说他毫无架子，为人随和，更难得的是他第一次接受记者访问，对正在进行的一项庞大的计划应对自如，其机智及反应之快，完全有父亲的作风。

至于李泽楷，在答复记者的询问时，从容镇定、信心十足，充分显露出他的才华，以及对行业认识的深刻，很是令人赞赏。

李泽钜、李泽楷兄弟，都是斯坦福大学毕业生，前者读

的是建筑设计工程，后者是电脑工程。两人都是学有所成，因此被媒体誉为香港亿万富豪"第二梯队"中的佼佼者。

也许是遗传基因的作用，李泽钜、李泽楷两兄弟在今日的商界像他们的父亲一样，喜欢从事有创意、有挑战性的工作，遇到任何困难都显示出潇洒自如、迎难而上的从容风范。从他们在独立处理加拿大世界博览会旧址的庞大物业发展规划，以及策划收购美国哥顿公司"垃圾债券"等一系列大动作上，不难看出这两位龙兄虎弟所具有的惊人胆识和灵敏的商业头脑。由此看来，不久的将来，香港经济舞台上的主角非他们莫属。

✳ 痛失爱妻 ✳

世事难料，总是有天不遂人愿的时候。

1989年12月31日夜，李嘉诚携夫人庄月明出席在君悦酒店举行的迎新宴会。夫妇俩容光焕发，是宴会上最"抢镜头"的一对。他们翩翩起舞，不时引来人们艳美的目光。

不料，第二天下午，庄月明却突发心脏病，于医院去世，年仅58岁。这对于事业如日中天的李嘉诚来说无异于晴天霹雳。相伴自己近半个世纪的爱妻突然撒手归西，离自己而去，这是一个让人无法接受的事实，他久久都不敢相信这是真的。想自己这半生一直都生活在她的鼓励和支持中，成功也好，失意也罢，妻子都一如既往地站在自己身边，相濡以沫。然而，现在一瞬间什么都失去了，与妻子白头到老的誓言无法实现了。但这既然是上天的旨意，凡人无法忤（wǔ）逆，坚强的李嘉诚只能将痛苦深深地埋藏在心里，他知道就算从今往后妻子不能和自己相伴左右，但他们的心永远都是相通的。对妻子的爱已是他感情世界的全部，只会与日俱增。

那时才60出头的李嘉诚，身体硬朗，精神奕奕，又是富豪，不乏主动示爱的女子。但他对此毫不动心，香港不少富商都以绯闻为荣，李嘉诚却始终不动这方面的心思。港人都知道李嘉诚和庄月明情深似海，所以至今竟无人向他提及续弦之事。

◎续弦：古时以琴瑟来比喻夫妻，故丧妻称断弦，再娶为续弦。

如果说李嘉诚是靠敏锐的眼光走到今天这个地步，那么值得一提的另一位目光敏锐者，便是李夫人庄月明了。她在李嘉诚身无分文的时候发现他巨大的潜力，而且不论是在李嘉诚不幸辍学的时候，还是在李嘉诚艰苦创业的时期，她都是李嘉诚最忠实的支持者和拥护者。特别是在李嘉诚事业有成的时候，庄月明又利用自己所学的专业知识辅助李嘉诚完成他的宏伟基业，堪称贤内助的典范。

李嘉诚永远不会忘怀妻子对他所付出的真挚无私的情爱，直到今天，还常常感慨地告诉他身边的朋友："月明受过良好的教育，婚后在事业上为我出谋划策，给予我很大的帮助。不仅如此，家里的事情她也处理得井井有条，使我完全不用为家里的事情分心，能够集中全部精力应付事业上的各种问题，这是我最要感谢她的地方。"他更加感谢庄月明

的便是她为他生下的两个优秀的儿子，所有与妻子有关的东西，都让李嘉诚至今感怀不已。

一位熟悉李氏家庭的人士说："人们总是说地产巨头李嘉诚，如何以超人之术创立宏基伟业，而鲜有人言及他的贤内助及事业的鼎助人庄月明女士。我们很难想象，李嘉诚一生中若没遇到庄月明，他的事业又将会是怎样的情景了！"

众所周知，在2008年北京奥运会的成功举办过程中，李嘉诚家族向北京奥运捐款1亿元人民币，对于李嘉诚至今在国内众多领域中所做出的杰出贡献，李嘉诚曾经在接受新闻采访时表示：积极支持国家建设，投身国家的公益慈善事业，这也是我太太生前的最大心愿！而李嘉诚多年未再娶妻的背后，隐藏着他和亡妻的事业与婚姻情感。

李嘉诚多年来以身故妻子的名义捐出诸多慈善和公益的巨额款项，另外李嘉诚很多捐赠的建筑物也都以身故妻子而命名：例如庄月明中学、李庄月明护养院、香港大学的庄月明中心、庄月明科学楼、庄月明化学楼等，包括李嘉诚基金会捐出巨款的李庄月明佛学研究基金，诸如此类的例子举不胜举！正如李嘉诚说过，这些也是自己身故妻子的愿望。这是他对亡妻的另一种悼念。

现代社会，很多人都将婚姻与金钱紧紧捆绑在一起，其实这是一种错误，金钱与婚姻的完整、家庭的幸福没有必然的因果关系，从这个角度上，任何人都不得不承认，婚姻与金钱无关。李嘉诚和庄月明的爱情诠释了婚姻的可贵，堪作现代爱情的典范。

✹ 有子长成 ✹

李嘉诚认为，教育孩子应该培养他们独立的意志品格，不能溺爱、娇生惯养，这与家财多少没有关系。

他的两个儿子李泽钜、李泽楷是李家的希望。

李嘉诚希望儿子从小就明白，做任何事情都不是那么简单。无论是做生意还是做富家子弟，都需要付出心血。因此在公司开会的时候，他常常让两个儿子旁听，他想让儿子明白，做生意需要不停地召开会议，依靠很多人的帮助。他认为富家子弟就好像温室的花朵，根基不稳，经不起风吹，他将自己艰难创业的历史比喻成在岩石夹缝中生长壮大的小树。他说，根基不稳的植物，在外界的压力下，不易存活，而夹缝中的小树，却能傲立风霜而不倒，因此，他绝不放纵自己的两个儿子，他希望，儿子能够自强自立，独立面对打击，面对困境。

大儿子李泽钜从爸爸的教育中受益颇深，他对李嘉诚的评价是：他很清楚在他生命中对他比较重要的事情，他会将钱用在这上面，比如帮助那些不幸的人，捐资医疗教育事业，只是他的精神世界更加富有，虽然我们的生活是常人无法想像的简单，但简单给我们带来的是幸福。

记得有一次，香港刮台风，李嘉诚家门前的大树被刮倒。为了锯断大树，由两个菲律宾工人顶风冒雨，全身湿透，李嘉诚见到此景，要儿子马上起床换上游泳裤去帮忙。他说，菲律宾工人因为家庭环境不好，背井离乡来工作，但

同样是人，地位与自己一样。他的两个儿子马上下去帮忙抬树，这件事使他们懂得，职业不分贵贱，要学会尊重不同职业、不同地位的人。

李嘉诚在谈到对子女的教育时，他说，在教导子女时99%应该教给他们做人的道理，即使现在他们长大了，也应该是2/3教他们如何做人，1/3教如何做生意，因为真正重要的是处理人与人之间的关系。李嘉诚说，在我小的时候，母亲就教育我：要学会给予，学会诚实守信，对朋友讲信义。现在做生意，资金即使高出资产的几十倍也不够，生意是靠别人给你的，世间的每个人都是精明的，要学会与别人沟通，让别人喜欢你。世界经济全球化，牵一发而动全局，金融风暴经常发生，要经常提防，信义是最重要的，所以，现在也是一样，信义二字是与人交往的准则；遵守信义可以受益终生。因此我经常教导儿子要遵守信义。

李嘉诚很注意对儿子的早期教育，他严格要求儿子艰苦朴素、不讲排场，要他们注意树立自己事业上的信誉，恪守承诺，而且他要儿子为别人着想、不贪图小利、勤劳肯干、务实奉献。

在两个儿子从斯坦福大学毕业之后，他们想在父亲的公司一展拳脚，施展自己的才华，但被李嘉诚拒绝，李嘉诚说他的公司不需要他们，虽然他的公司有足够的职位，甚至安置20个儿子也够，但是李嘉诚希望他的儿子们自己去闯，自己打下江山，用实践来证明自己的真才实学。他不希望他们未经社会的风雨就直接进入自己的公司，他觉得他们不够格。

◎斯坦福大学始建于1885年。利兰·斯坦福为纪念他在意大利游历时染病而死的儿子，决定捐钱在帕洛·阿尔托成立斯坦福大学，相传斯坦福夫妇在这之前曾拜访过哈佛大学的校长，提出为纪念他们儿子的死在哈佛校园内建一座大楼，但遭到了拒绝，于是才建造了这座闻名于世的大学，是美国排名前五的大学。

兄弟俩明白，父亲是希望他们能够通过实践，将自己锻造成才。

兄弟二人决定去加拿大发展，后来李泽钜开设了地产开发公司，李泽楷成了多伦多投资银行中最年轻的合伙人。在港的李嘉诚也常常通过电话对兄弟俩嘘寒问暖，想要提供帮助，但兄弟俩却总是坚持困难可以通过自己的力量解决。

当然，李嘉诚也不过是想试探一下，并不是真的要帮助他们；父亲的这一点，是兄弟俩最熟悉的了。即使真的求父亲帮助解决困难，也是不可能的；这似乎有些冷漠得不近人情，但是兄弟俩一点也不怪他，他们懂得父亲的良苦用心。

在加拿大有许多难以想像的困难，但是兄弟俩都一一克服，事业上都小有业绩，成为加拿大商场中的佼佼者。

于是，兄弟俩于两年后返回香港，进入李嘉诚的公司工作，李嘉诚非常高兴地说，兄弟俩都非常出色，足以胜任公司里的工作。而且，还向他们传授了一些经验：要时刻注意自己的名声，将工作放在第一位，宽厚待人，信守承诺，这是事业成功的关键。

看到两个儿子的出类拔萃和卓越的业绩，李嘉诚感到非常欣慰，宣布即使退休也非常地心安理得。常常有人对兄弟

俩赞不绝口，而李泽钜总说："父亲的培养教育是我们最值得感谢的，我们从父亲那里学到的不仅仅是怎样成为一个出色的商人，一个赚钱的商人，而更为重要的是我们学会了怎样做一个正直的商人。"

超人传承

李嘉诚的勤奋给儿子们以深刻的影响。李泽钜工作非常努力，每天经常工作10多个小时。他说："压力来自自己。我喜欢接受挑战，我永远不会让自己停下来！我每月有一周要从香港去加拿大，一年坐飞机来回20多次，每次一下飞机便上班，确实有些累。因为两地时间颠倒，经常睡不着。"

李泽楷对事业也十分投入和勤勉，经常工作到深夜，忙起来一坐就是10多个小时。

多年来的潜移默化，加上父亲的耳提面命，儿子们对商业产生了浓厚的兴趣。

为了让两兄弟继承和发展自己创立的事业，李嘉诚在安排儿子"承继衣钵

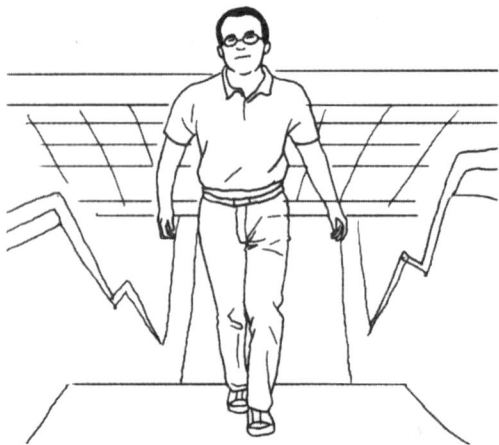

（bō）"的问题上可谓"处心积虑"。长子李泽钜24岁时就被安排在中环华人行长江实业的办公室上班，跟随父亲学习经营之道，并负责处理加拿大温哥华世界博览会旧址的物业发展，同时精心安排前董事总经理周年茂、副董事总经理甘庆林等资深元老辅佐其熟悉业务。公开场合的传媒采访，李嘉诚常有意把机会让给儿子，说他对这方面情况较熟悉，回答更合适，可谓用心良苦。

李泽钜25岁时，李嘉诚大胆提拔他为长江实业的执行董事；26岁时，被委任为机场咨询商务委员会委员，27岁时代替父亲被委认为总督商务委员会委员，为李嘉诚逐渐"淡出"做平稳过渡。

次子李泽楷在美国斯坦福大学取得企业管理硕士后，回到香港，父亲安排他在和黄集团内工作，跟随李嘉诚的爱将马世民学艺。24岁时，李泽楷被委任和黄资金管理委员会董事；1991年3月，卫星广播有限公司(和黄集团与李嘉诚家族各占一半权益)正式成立，时年25岁的他被委任为执行副主席，李嘉诚出任主席。李嘉诚找来曾任香港电视总经理的陈庆祥出任卫视的行政总裁，辅佐次子泽楷经营。

李嘉诚对儿子的悉心栽培，没有令他失望。两个儿子初入商海便崭露头角，通过大手笔的商业投资，显出了大企业家的气魄，取得举世瞩目的业绩。

李泽钜是加拿大温哥华万博豪园计划的主持者。1987年股灾后，李泽钜代表主要股东以32亿港币投得温哥华世界博览会会址一块面积达204英亩的黄金地段，发展为该市最出色的城市建设典范。身为协平世博发展公司董事兼高级副总

裁的李泽钜坦言，世博计划是由他一手策划的，他说："最原始的意念是我想出来的，从第一天起我便亲自参加每一阶段的发展活动。为了使这个占地达温市中心总面积1/5的庞大地产开发计划能顺利完成，我在策划兴建的一年内，曾出席各种听证会170多个，会见各界人士2万多人，聆（líng）听他们的意见。"

1990年6月，年仅24岁的李泽楷，以和黄集团资金管理委员会董事经理的身份宣布：和黄考虑发展卫星电视，初步投资4亿美元。当时有不少知名人士对此不予看好，认为这是李嘉诚爱子情切的举动，李泽楷不理会社会上的种种议论，在陈庆祥的辅佐下，指挥若定，全然像一位经验丰富的行家里手，甚得业界前辈的首肯。

当时，由于香港回归祖国在即，香港卫视的地位引起了澳洲传媒大王梅铎的关注，梅氏执意要收购卫视的股权。在卫视股权交易的谈判中，李泽楷单刀赴会，礼貌地向梅铎表示双方如果谈得好便成功，谈不好便立刻离开，不准在此纠缠。这一番表白，令商场老将梅铎不得不速战速决。两个多小时密谈后，一切都已搞定：梅铎的新闻集团以5.25亿美元(约合40亿港币)购入13%的股权；他为父亲李嘉诚及李嘉诚任主席的和黄集团各赚15亿港币的利润，顿时成为香港新闻的焦点，称他为"小超人"。

李嘉诚对儿子的培养已结出硕果。李泽钜1993年1月已升任长江实业集团的副董事长、总经理，但他还是尽量地保持谦虚，把所有的股东都当做自己的良师益友。他最忌讳（huì）的词是"接班"，最不愿听到的词是"接班人"。

而李泽楷在卫视取得成就后，以4亿美元为本自立门户，投资高科技项目，要自创另一番事业。

敦厚的李泽钜不仅为人处事像极了父亲，在家庭观念上也完全传承了李嘉诚的衣钵。

李氏家族早在20世纪60年代已投资加拿大，在加拿大的人际关系广泛，而李泽钜更注定与加拿大有缘——加拿大不但是他事业有成的地方，也是他与爱妻王富信相识的地方。

王富信1969年生于香港，比李泽钜小5岁。1990年，王富信在温哥华的英属哥伦比亚大学攻读工商管理，李泽钜当时在加拿大处理地产业务。在一次烧烤聚会上，王富信与李泽钜邂逅，双方都留下了美好的印象，李泽钜返港后即对其展开追求，两人于1993年喜结连理。婚后，李泽钜家庭事业两得意，1996年，大女儿燕宁出世；1997年，李泽钜获香港青年杰出领袖奖；次女于2000年6月出生；2009年8月5日，李泽钜的第三个女儿出世，为李家带来不少欢乐。

王富信婚后一直专心相夫教子，非常贤淑，为人低调，与李泽钜十分恩爱。

作为香港首屈一指的商界俊彦，李泽钜肩负大任。

万博豪园总体规划都是李泽钜一手设计的，其中最大的特色，就是保留了大量的自然风光，拿出了整整50英亩作为绿化地带，供住户休闲娱乐用。

由于万博家园这个计划实在太大，李泽钜肩负重任，因此无时无刻不在想着计划的发展。在飞机上，即使看书，都以城市规划以及居住环境的书本为主，希望能做得更好。

李嘉诚经常告诫儿子"凡事要低调"，但他又深知舆论

对一个人的事业有巨大推动力。因此，李嘉诚会选择适当的机会，安排儿子亮相。

1990年，万博豪园嘉汇苑公寓在港推出前，长实集团公关部就精心安排，让集团执行董事李泽钜接受两本杂志的采访——连人带房一并推向社会，反响甚佳。1992年，时任中共中央总书记江泽民会见李嘉诚，出现在香港电视屏幕上的，还有他的两位公子泽钜和泽楷。同年7月，新任港督彭定康视察李嘉诚的货柜码头公司。李嘉诚安排在那一天，举行旗下的香港国际货柜码头公司处理第2000万个货柜庆贺仪式，彭定康受到长实集团的隆重欢迎；泽钜、泽楷站在李嘉诚两侧，李嘉诚将两位公子介绍给新港督。10月，彭定康宣布"总督商务委员会"名单，李泽钜也在其列。历来"商委会"有香港政府的"商政局"之说，地位权势声望之显，不言而喻。商委会共18名商界名人和3名非官方议员，李泽钜是其中最年轻的，仅28岁。

李嘉诚说："谁做接班人的问题，目前不考虑，他们兄弟两人，我一样对待。"

李嘉诚大概不会再怀疑儿子的经营才能和气魄，但他对儿子"出风头"的习惯耿（gěng）耿于怀，不知骂过多少次。"木秀于林，风必摧之"、"树大招风"、"凡事低调"……两公子皆耳熟能详。

大概李泽钜从父亲身上察感到"树大招风"、"人言可畏"，故而他尽可能保持低调，风头较其弟泽楷小得多。母亲庄月明逝世后不久，深水湾79号李家大宅转到李泽钜名下，而泽楷自愿搬到外面住，并愈发显出另闯天下之势。

李泽楷是一个工作狂，他一天要工作16小时；他身家百亿，却没有太多空闲时间享受；他在生活小节上，颇具个人风格，我行我素，并不在乎别人怎么看；他最喜欢的是属于自己的空间和自由。

李嘉诚是个宽厚且聪明的父亲，他虽然看不惯儿子的打扮，但他从不强求儿子改变。他希望的是儿子有出息，生活得开心，能够干大事业，至于个人的生活品位和作风问题，只要不太出格就可以了，毕竟时代已经变了，年轻人总是要有自己的一些生活方式，这些也并不是什么原则问题。

李嘉诚的经商谋略、行为方式，成为人们评价和模仿的典范，我们却看不出李泽楷在刻意模仿父亲，他的确继承了父亲的经商智慧，但仅仅是智能，而不是方式。

李泽楷当年摆脱父亲的举动，至今仍为人们津津乐道。

李泽楷虽然竭力摆脱父亲，但每周叙一叙父子情、兄弟情，想必也是很乐意的。

近两年，李泽楷特别忙，在外的时间比较多，所以一两周不与父兄见面也是常有的事。

李嘉诚知道李泽楷的性格，所以事事迁就于他。

虽然李泽楷事业上有自己的主见，但他非常尊敬、钦佩父亲；当记者问他，从父亲那里继承了什么的时候，他毫不犹豫地说："战胜挑战，追求突破。这是我最大的财富。"

2000年3月2日香港媒体报道：李嘉诚家族所控制的公司，总价值已达到27287亿元，而李嘉诚直接控制的也达7840亿元，加上李泽楷所拥有的5358亿元，总值达13199亿元。

李嘉诚个人的身家达812亿元，李泽楷的个人身家为623

亿元。盈科由李泽楷个人注入数码港发展权至今，大约只有1年历史，这个初见成长的婴孩，能够在短时间内快速长大，购入曾经是香港巨无霸企业的香港电讯，确实缔造了不少纪录。

李嘉诚给儿子的十条忠告：

一、克勤克俭，不求奢华。

二、学会培养独立的生活能力。

三、赚钱靠机遇，成功靠信誉。

四、耐心等待成功的到来。

五、有胆识也要有谋略。

六、别人如果放弃，你就要出手。

七、懂得用人是成功的前提。

八、不要对一项业务情有独钟。

九、要时刻考虑合作伙伴的利益。

十、肯用心来思考未来。

第七章

义薄云天

◆ 造福家乡
◆ 扶医助残
◆ 倾资内地
◆ 奉献不息
◆ 义字当头

造福家乡

1978年的秋天，李嘉诚百感交集，他以港澳同胞国庆旅行团回国观光的身份，应中华人民共和国国务院的邀请，来到北京参加29周年国庆纪念活动。

这是李嘉诚有生以来第一次来到向往已久的祖国首都，也是在阔别家乡40年后，第一次重归故土。当时的他心情复杂，各种情感齐聚心头，难于言表。

回首当年，11岁的李嘉诚，在战争和硝烟中匆忙离开了祖国大陆。他对祖国大陆的印象仅限于儿时那模糊的记忆，而后来所有知道的关于大陆的各种讯息，都是道听途说。大陆对于李嘉诚来说是陌生的，也是新奇的。

从他回大陆开始，就一直穿着一套深蓝色的中山装，戴着一副黑色的宽边眼镜，其谦虚谨慎的作风颇像一位治学严谨的学者。李嘉诚不希望在大陆与周围的环境格格不入，不希望被看成是一个贪得无厌的资本家，或者是

◎中山装：是在广泛吸收欧美服饰优点的基础上形成的，孙中山综合了西式服装与中式服装的特点，设计出的一种直翻领有袋盖的四贴袋服装，定名为中山装，上身左右各有两个带盖子和扣子的口袋，下身是西式长裤。

从香港这样一个发达地区来的洪水猛兽，不想与周遭的人们形成太大的距离。他的脸上始终带着谦和的微笑，所有接触过他的人都说他根本不像一位富翁级人物，倒像一个和蔼可

亲的大学教授。

此时的北京正值秋季，到处弥漫着祥和的气氛和收获的喜悦。十一届三中全会后不久，全国各行各业都开始拨乱反正，经济建设重新启动，各行各业正将工作重心转移到经济建设上来，广大人民群众也都呈现出全新的精神风貌。李嘉诚亲眼目睹了这百废俱兴的局面和大陆人民对此必胜的信心和决心，不禁心潮澎湃。

李嘉诚充分意识到祖国经历了重大灾难百废待兴，需要耗费巨大的人力、物力、财力，更重要的是还需要时间来根治人们精神上的创伤。自此开始，他就不断地思索自己到底能为国家做些什么，到底做什么才是国家目前最为急需的。

在李嘉诚的家乡粤东潮州局面也是这样，那里地少人多，文化大革命同样留下了惨痛的后遗症。当年许多干部、学生和知识分子在海南等边远地区接受改造和再教育。在经历了历史的玩笑之后，他们大批回城，虽然当初是从这里走出去的，但当风暴过后回归家园时，他们却发现这里已经没有自己的立足之地了。政府机制亟（jí）待走上正轨，没有闲暇顾及这些人的住房温饱问题，于是这个文化名城除了有风台时雨、龙湫宝塔、金山古松、韩祠橡木、被阁佛灯、西湖泡筏、锷渡秋风等潮州八景之外，又被人们画蛇添足地加上了一笔——无家可归露宿街头的人们，破帆布、稻草棚比比皆是，放眼望去，到处是一派辛酸与破败。

事业大成之后，李嘉诚仍然时常想着家乡的父老乡亲。在1978年底接到家乡来信时，他方得知问题的严重性。

1979年，李嘉诚终于踏上了阔别40年的故土，心情无比的兴奋。想想当年，儿时的小桥流水、玩伴儿、家传书屋……一切的一切都是那么的清晰，仿佛就在昨天。他急切地想再看看这些，哪怕只有些许的痕迹也好。

可是，在领略故乡风景之余，他却发现故乡的父老乡亲们个个衣衫褴（lán）褛（lǚ），还是住着破瓦房、破草棚，衣食温饱都无法得到保证，心里很不是滋味。当晚，为迎接李嘉诚，潮州市政府举办了一场座谈会，在会上李嘉诚对故乡的现状十分感慨，他说，他离开潮州的时候是1939年，潮州沦陷，他随家人逃亡，已经过去了整整40年。可是就算他已经做好了充分的心理准备，在40年后他踏上思念已久的故土时，现实还是给了他沉重的打击；他说，他看见衣衫褴褛的父老乡亲，站在道路两旁欢迎他，自己都无话可说，有种想哭的冲动；他说，他心痛得无法表达，而且怎么也无法想象，40年后家乡的面貌怎么会是这样！

那夜李嘉诚辗转反侧，彻夜难眠。第二天一大早，他便与随行的人员悄悄离开了家乡，因为他觉得自己无颜面对家乡父老们夹道欢迎他的场景。这更加坚定了他报效故乡的信念。在返程的路上，他不停地对自己说："故乡和故乡的人民需要你，现在是你报答亲人的时候了。"

回到香港后，李嘉诚当即决定为远在故乡受苦受难的乡亲们捐赠14幢"群众公寓"，并亲自督促落实，这是他回港后所办的第一件事，而且是立刻就办的。

至此，那些流落在街头巷尾的人们，那些靠茅棚破帐来避寒的人们，终于搬进了宽敞明亮的楼房，住进了"群众公寓"，他们的喜悦难以用言语来表达。

在他们心里，李嘉诚就像再生父母般亲切，尽管他们中的绝大多数人对他是只闻其名，未见其人。

就在"群众公寓"陆续拔地而起之时，1980年春，一心想报效家乡的李嘉诚写信给当地镇政府，主动提出再为家乡做些实事。诚然，当地镇政府十分欢迎，他们考虑再三，表示希望李嘉诚能够捐献一个剧院，作为百姓娱乐和弘扬潮剧艺术的地方。李嘉诚欣然同意这个计划，但是依他之见，百姓们现在正急需的是解决温饱问题，恐怕不是娱乐。于是他再次写信给乡政府，希望能够得知家乡发展急需的基础设施计划，例如教科文卫等方面的建设工程，他愿意持续为家乡的建设和发展贡献自己微薄的力量。

◎潮剧：又名潮州戏、潮音戏、潮调、白字戏，主要流行于潮汕方言区，是用潮汕方言演唱的一个古老的地方戏曲剧种。潮剧在国内主要流布在广东、福建闽南南潮语区，也流行于香港和台湾，也经常在庙会上演出，表示对"老爷"的尊敬。

李嘉诚后来采纳了家乡政府的反馈意见，在县乡投资共计2200万港币，修建了两座医院，它们分别是潮州医院和潮安医院。同时他曾写信恳切希望资金能够落在实处，使每分每角都用于医疗卫生事业。

李嘉诚长期居住在海外，但是没有一天停止过怀念自己的故乡和自己诞生的地方；斗转星移，李嘉诚希望重新修缮自己当年呱呱坠地的祖屋。但当镇政府提出优先安排李嘉诚的家属居住的时候，他却坚决不同意。他在信中这样说："我捐款给故乡，是为了故乡的人们，我不希望因为我的私利而影响公平。"

在群众公寓和祖屋修缮的问题上，李嘉诚始终是以无私奉献不偏不倚的态度处理的。有爱心、尽孝道的李嘉诚当然也希望自己的亲族能够拥有宽敞明亮的房屋，能够生活在一个舒适的居住环境中。但是，为了节省更多的空间让贫困户可以入住，他只好牺牲自己的亲族的部分利益，足见其宽广的胸襟。

经过深思熟虑，李嘉诚还是下决心不扩大祖屋的占地面积，只将祖屋改建成一座四层楼房，给族人们居住。面对族人不解的目光，李嘉诚坦言："我们不能因为扩建祖屋而损害左邻右舍的利益，我们不可以以富压人，这不是我们出多少钱、扩多少面积的问题，我们应当以大局为重，统筹兼顾，以免日后受到左邻右舍、邻里乡亲们的指责。"

李嘉诚绝不会为了自己的利益而牺牲乡亲们的利益，所以他问心无愧。遥望苍穹，他相信能得到先祖的理解。

✷ 扶医助残 ✷

李嘉诚作为大慈善家其捐款总额已高达45亿港币，其中令他最难以忘怀的，是1991年他与属下集团捐给中国残疾人联合会的1亿元。

李嘉诚在11年间，坚持了解残疾人状况，从未间断过。也许人在无助的时候，得到的帮助是最有益的。早在1984年，中国残疾人福利基金会成立，邓朴方首次访问香港，

◎邓朴方：北京大学技术物理系原子核物理专业毕业，大学学历，中国残疾人联合会主席团主席，北京奥运会组委会执行主席，中国残疾人福利基金会会长邓朴方是首位荣获"国际残奥委勋章"的中国人。其父邓小平。

李嘉诚就捐款200万港币。1991年，中国残疾人联合会成立之后，李嘉诚再次捐资1.05港币。其间发生的故事令人回味。

1991年8月，邓朴方率中国残疾人展能团和艺术团访港。当时正值华东水灾，港澳同胞纷纷为灾民捐款。邓朴方申明，此次赴港不进行募捐筹款。但李嘉诚执意前往看望，在刚刚向华东灾民捐献5000万港币后，又当面送给中国残联一张500万港币的支票。

李嘉诚的捐款，根据邓朴方的口头协定，将作为启动经费引出7倍的配套费，即残联会将这500万的捐款作为"种子钱"，每用1元，带动各方面拿出7倍以上的配套资金，用到残疾人最急需的项目上，在实际的操作中只要切实贯彻，定会取得很好的效果。

邓朴方与李嘉诚不约而同地想到了一块，李嘉诚连声称赞。他称赞邓朴方的想法："每一个铜板都是辛辛苦苦得来的，你们使用资金的效益这么高，令人佩服。你们所做的，是一项高尚的事业。"李嘉诚向邓朴方索要了残疾人事业的资料回去参阅。

当晚，李嘉诚与他的两个儿子彻夜长谈，表示对内地残疾人的深切同情。

中国残联事业在处理捐款中高效的行事方式令他动心，

次日他再约邓朴方会谈。

李嘉诚、邓朴方二人于8月16日再次见面。李嘉诚决定再捐1亿元，也作为一颗种子。邓朴方只需争取四五倍的配套经费，便可帮助更多的残疾人士，争取多为残疾人办事。眼居五官之首，是心灵的窗户，在残疾人中，盲人最为困难。李嘉诚特别期望看到5年把内地400多万白内障患者全部治好。

李嘉诚感到自己帮助残障人士很有意义。有一次与邓朴方谈了两小时后，返回办公室，很兴奋，竟然忘了自己还空着肚子，便直接喝了白兰地，差点喝醉。

邓朴方也为这位质朴的富商而深深感动，他表示在回京研究讨论后迅速给李嘉诚答复。他动容地说："十分感谢你的好意，我们回北京研究、计划一下，再向你报告。"

如今，李嘉诚播种的这粒种子已结出了丰硕的果实，不仅使残疾人事业由小到大、从点到面，走上了系统发展的轨道，也使众多残疾人实实在在地从这项计划中受益。

在20世纪即将结束的时候，邓朴方再次到香港参加国际会议，李嘉诚闻讯，立刻致电北京，希望邓朴方在港期间能够和他进行一次会晤。12月18日，两位老朋友再次见面；1991年交谈的情景还历历在目，他们非常高兴，相约在即将到来的新世纪中继续加强合作。李嘉诚乐意继续捐款办新的里程计划，原则上不做锦上添花的修补，一定要实实在在地另创新篇，其目的只有一个，那就是帮助更多的残疾人。

那时候邓朴方已经55岁了，还有几年就要退休了，他也很想在退休前扎扎实实地做几件实事，为后来者留些东西。

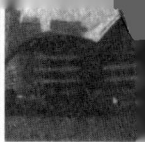

他主要着眼于薄弱环节和发展需要，创造条件、建立基础、形成机制，使残疾人事业得以与经济社会协调发展，无论如何，要选好项目，把李嘉诚的捐款用在刀刃上。

这正合李嘉诚的心意，他向来也认为机制是最重要的。3个月后，中国残联送上一份需要6000万元捐款资助的《长江新里程计划》，李嘉诚欣然同意。后来，他又主动追加4000万，捐款达1亿港币，以扩大受益人数，以扶助残疾人开创人生新里程。这个项目的实施使得大约3万名农村肢体残缺者得到了救助。

《长江新里程计划》成效显著，在实施不久后便收到成效，并超额完成任务。蓝图刚刚展开，更多更美好的画卷将陆续显现，近年来，中国残联多次向李嘉诚提议，举行捐款助残总结发布活动并邀请他参加，均被婉言谢绝。

受益的残疾人为表达对李嘉诚的感谢之情，他们自发地搞了一个万人签名的活动，通过这样的方式送上他们特别的礼物——用所有人的签名衬托出一行大字：您的爱改变了我们的一生。

这是怎样的一份荣耀啊!但对李嘉诚来说，绝对是受之无愧。

倾资内地

帮助内地发展教科文卫事业一直是李嘉诚的一大心愿。1992年"五一"前夕，李嘉诚在北京受到党和国家领导人江

泽民、杨尚昆接见时，他就说："未来我的奉献一定比过去的十几年大大增加。终此一生，我都要沿着这条路走下去。"这是出生于潮州市的李嘉诚对祖国人民立下的庄严承诺。他这么说了，一直也是这样做的。

20世纪90年代以来，李嘉诚在首都、内地的投资连连得手，他投资范围已涉及房地产、旧城区改造、港口、货柜码头、能源、旅游、道路等，总投资达60多亿美元，为国家的改革开放和经济建设事业做出了重大贡献。

李嘉诚独资兴办汕头大学，可说是李嘉诚爱国义举的一块丰碑。

汕头大学是1981年国务院批准成立的广东省省属综合性大学，也是继陈嘉庚独资创建厦门大学后，中国第二所由海外爱国人士捐资兴办的大学。

◎陈嘉庚：华侨企业家，福建同安县集美社人（现厦门市集美镇），是马来西亚及新加坡地区著名华人企业家，生前为全球华侨领袖，爱国人士。

这所大学位于潮安、澄海、揭阳和汕头市区交界处，背后峰峦叠嶂（zhàng），前眺茫茫平原，校园内风景秀丽，夏天气候清凉宜人，是一个避暑的绝佳去处。

近百年来，在潮汕地区创建一所大学，已成为社会各界众望所归之事。

1979年，中国开始改革开放，汕头市被列入经济特区，因此就更需要较多经济管理人才。为了尽快满足潮汕地区经济和社会发展的需要，潮汕地区更加迫切地需要一所大学。在这种形势下，海内外又一次掀起了建立汕头大学的高潮。

李嘉诚与全国政协常委、中华全国归国华侨联合会主席、香港南洋商业银行董事长、汕头大学筹委会副主任庄世平老先生进行了长谈；后来，他又再三向广东省汕头市的领导表示不管将来的情况如何，他都要走下去。

在李嘉诚的大力推动下，总投资已逾10亿港币的汕头大学终于创建起来了。为了实现科教兴国，1998年8月，由教育部和李嘉诚先生共同投资在中国设立并实施"长江学者奖励计划"，其目标是"延揽海内外学界精英，造就国际级学术大师"；"长江学者奖励计划"有两个重要奖项，一个是实行特聘教授岗位制度，特聘教授每年将获10万元人民币奖金，同时享受学校按国家规定提供的工资、保险和福利等待遇；二是由李嘉诚出资设立的"长江学者成就奖"，奖金分别为100万元和50万元人民币；此举在中国教育界和知识分子中引起极大的轰动；对振兴教育起到了十分积极的作用。

另外，李嘉诚还在北大百年校庆时捐资7000万元，投资兴建了新的北大图书馆，使北大图书馆成为亚洲大学中最大的图书馆。李嘉诚先生热心中国的公益事业是有口皆碑的。做了好事不留名，是李嘉诚先生的一贯风格。他捐建的好多项目，受捐单位都想冠上他的名字，但都被他婉言谢绝了，李嘉诚先生还常常嘱咐自己的子女，要把支持祖国建设的事业和教育、医疗事业永远做下去。

✳ 奉献不息 ✳

　　李嘉诚大规模投身公益事业应该是从1980年。虽然在这之前他也做过很多乐善好施的事情，但他捐资2200万港币用于兴建潮安县医院和潮州市医院这件事，才是真正大力发展公益事业的开端，其后，李嘉诚积极响应潮州市政府发起的募捐兴建韩江大桥的活动。

　　李嘉诚还多次捐善款，资助家乡有关部门设立医疗、体育、教育的研究与奖励基金会，每笔数额10万～150万港币不等。1987年，他向中国孔子基金会捐赠100万港币；同年，捐200万港币资助汕头市兴建潮汕体育馆。

　　此后，其捐赠范围不断扩大到祖国大陆地区。1989年，捐赠1000万港币，支持北京举办第十一届亚洲运动会；1991年7月12日早晨，李嘉诚边用早餐边听广播，惊悉中国华东地区发生百年未遇的特大水灾，他立即在第一时间通知新华社香港分社，以四大公司名义捐出5000万港币赈（zhèn）灾，同时倡议全港市民掀起救灾热潮；数日后，汕头遭遇强台风灾害，李嘉诚又以个人名义捐500万港币给汕头市政府；在广东省和广州市，李嘉诚先后有数千万港币的捐款；独资兴办汕头大学，更是李嘉诚在祖国义举的一块丰碑，从1979年至今，他捐出的款额逾10亿港币。

　　在香港本土，李嘉诚堪称是一个大慈善家。

　　从1977年起，他先后给香港大学等几家教育机构及基金会，捐款5400多万港币。

20世纪80年代至今，他对香港社会福利和文化事业的几十家机构捐款逾一亿港币。

1984年，他捐助3000万港币，在威尔斯亲王医院兴建一座李嘉诚专科诊疗所；1987年，他捐资5000万港币，在跑马等地建立了3个老人院；1988年，捐款1200万港币兴建儿童骨科医院；并对香港肾脏基金会、亚洲盲人基金会、华东三院捐资共1亿港币。

李嘉诚在商业上的辉煌业绩，以及在公益事业上的慷慨之举，为他赢得了无数的荣誉。国家领导人邓小平、江泽民、李鹏曾多次接见他，高度赞扬他为祖国家乡人民做出的贡献；1986年，香港大学校监、港督尤德爵士授予李嘉诚名誉博士称号；1989年元旦，李嘉诚获英女王伊丽莎白颁授的CBE勋爵勋章。

细数李嘉诚在慈善方面所做的贡献，我们可以发现大多集中于医疗及教科文卫等方面。这些年以来他一直是公益事业的领头人，并且这张清单还在不停地继续书写，而他的目光也不仅仅停留在香港地区和祖国大陆，他的视野是面向世界的：2004年12月26日，印度尼西亚的苏门答腊岛发生海啸，造成巨大灾难。一方有难，八方支援，为救援印度尼西亚地震及随后海啸而受灾的南亚多国民众，香港多个团体捐款赈灾，其中和黄联同李嘉诚基金会捐出港币2400万元。

李嘉诚对这次天灾给多个国家带来的巨大损失表示难过。在接受记者采访时他说："与如此巨大的自然灾害相比，我们的捐款实在微不足道。但我想呼吁香港人，如果有能力，应该贡献出自己的力量，联手帮助受灾的国家，因为

对正处于水深火热、饱受厄困的灾民来说，点滴关怀，都会起作用。"

2004年12月27日李嘉诚亲临饶平县三饶镇，主持"关心是潮流"农村扶贫医疗计划启动仪式时，用他久违的潮州话所呼吁的："以有余补不足，人性真心的关怀能为尘世间的很多遗憾做出一些弥补！"而他的行动正是最好的诠释。

2005年1月，李嘉诚将他个人投资超过30年的加拿大帝国商业银行的近5%股权全数出售，所得约78亿港币，全数拨入其私人公益慈善基金会，以推动他在全球的公益活动。香港媒体指出，这可能是香港富豪历来最大的一笔捐款。在此之前，估计李嘉诚在全球捐赠超过64亿元，2006年他再捐出10亿元以支持扶贫计划，以及推动教育文化事业发展。

李嘉诚不仅自己致力于公益事业，还不断影响身边人。他经常对周围的人说："地球上没有任何一个国家或一个制度，能够全面改变贫穷的存在，这不是主观的认知，而是客观的事实。我们每一人绝对不能漠视这日益严重的问题。"

"不要漠视贫困，要打造一种奉献文化。"这是李嘉诚的肺腑之言，也是他一直努力的目标。

义字当头

香港《壹周刊》曾在财经专题的栏目里，做过这样一篇报道：

"1990年1月，在戒严令取消刚一个星期，中国的领导

人空群而出，以国家元首的名义接见了香港首富李嘉诚。在17日上午，他与国家主席杨尚昆会面，下午他与中共中央总书记江泽民会面，在晚上他又和专职教育的国务委员李铁映共进晚餐。翌日下午，他还与国务院总理李鹏会面，当天，连已经退休的邓小平也和李嘉诚会了面。当时他告诉中国的领导人说，长实及他名下的其他分公司未来几年在香港将投资四百亿港币，他便打个譬（pì）喻说：他的事业，正如一棵大树一般，扎根在香港。"

早在1979年，李嘉诚作为香港经济界的重要人物被委任为中国国际信托投资公司董事，其他董事包括王宽诚和霍英东，李嘉诚的当选使人们认识到他在中国外贸业务发展中的重要地位。

随着中国改革开放政策的实施，愈来愈多的中国公司开始在香港的经济活动中占有重要的地位，并着手进行各项经济发展。

"身为中国人，应竭尽个人力量，为祖国多办实事、办好事"的李嘉诚，也着手将自身业务同中国的改革开放联系在一起。在香港旺角区西洋菜街上的中侨国货公司新厦，曾经是长江实业的珍贵物业；而位于香港东区铜锣湾的乐声大厦，便是李嘉诚以优惠价格售予中国国货公司的。

1980年，李嘉诚与香港大亨冯景禧、胡应湘、郭得胜、郑裕彤及李兆基等组成新河城发展有限公司，与广州羊城服务发展公司合作兴建了中国大酒店，为中国的改革开放，树立了一个意义重大的成功典范。

1982年，由于经济气候的影响，世界造船业陷入不景气的地步。李嘉诚的青州英坭有限公司，却在中国大连造船厂定购了每艘价值1400万美元的4艘万吨巨轮，对此，李嘉诚坦然道："我对大连造船厂有信心，而且我是中国人，我定购祖国的产品是很自然的事情。"

1984年4月，中国成功发射了第一颗地球同步通讯卫星，标志着中国运载火箭技术进入了一个新阶段，中国低温氢氧燃料发动机技术已经进入世界先进行列。1985年秋，中国政府宣布"长征"火箭可以为世界各国提供发射卫星服务，正当许多国家与中国只是试探性的洽谈、并无合作诚意的时候，李嘉诚果敢地决定将和记黄埔、大东电报局以及中信集团合伙购买的美制卫星"亚洲卫星一号"交给中国长征火箭发射。这颗卫星于1990年4月成功发射上天，充分证明了中国运载火箭技术的进步，从而提高了中国在国际市场上的地位，意义极其深远。

李嘉诚对祖国的感情朴实中带有一份难能可贵的诚挚，这不仅体现在他一次又一次对中国的投资上，也体现于他在海外与中国公司的合作上。

20世纪70年代末期，香港房地产的经营上升至辉煌时期，随着愈来愈高、愈来愈多的建筑群的出现，愈来愈大的物业需求正刺激着业已膨胀的房地产市场。这时优质水泥的需求量也达至顶峰时期，在当时，香港生产水泥的青州英坭，是引进美国水泥生产的半成品进行加工，然后出厂，实在无法满足市场的需求。随着内地改革开放政策的进一步实施，随着物业市场的迅猛发展以及大批新兴物业的兴建，水泥成了内地乃至香港地区的"热门货"。

中国开始从海外大批量地进口优质水泥。在美国有意利用其有利资源和技术条件在亚洲投资的前提下，内地、香港、美国三方开始在新界电门投资建造大型水泥厂。

然而，任何事物的发展都是不以人的意志为转移的。就在水泥厂正式投资后不久，由于世界经济气候的影响，香港房市突然下跌，水泥的需求量也相应剧减。而水泥生产所需由中国内地引进的原材料，也因交通不便，运输成本较高，使水泥生产的年生产量不足，造成合资水泥厂很大亏损。这时，作为三方股东之一的美方，要求从合资水泥厂退出，条件是不替水泥厂还债，也不抽回投资资金；水泥厂的生存危在旦夕。

为保住水泥厂，作为三方股东之一的李嘉诚，东奔西走，以长江实业和他个人的信誉担保，愿意偿还所有亏欠，力图保住合资水泥厂。

这之后，内地提出内地、香港双方继续合作办厂，但李嘉诚认为水泥厂的合资办厂方式亏损太大，在目前的状况下再合作下去有诸多不便，便提出内地要收就收回全部，如果内地不要，他全部收回。

内地全额收回合资水泥厂，但其后由于没有全面考虑进出口税利情况、原材料情况，水泥生产的成本仍然很高，造成的亏损依旧不断增大。于是内地只经营几个月，就将仍是亏损的水泥厂交给李嘉诚。

李嘉诚接过负债累累的合资水泥厂，将它与青州英坭合并，经过一段时间的努力，最终扭亏为盈，顺利发展。

1984年1月，光大实业公司的董事长王光英，准备更进一步地发展公司的业务，于是他找到李嘉诚，希望合资做地产。李嘉诚便与光大实业公司合资经营城市花园，并按照常规，上报公布此项物业发展消息。在私下，李嘉诚考虑到王光英来港发展只有两年，而从事地产生意风险又会很大，便与王光英签订了一个经董事会商讨后通过的协议，如果地价下跌，3个月之内，王光英可以随时退出，而业务中带来的地产风险实际上则由李嘉诚一人承担。

没过多久，地价果然大幅下跌。王光英当即要求退出，并于6月底宣布取消合作计划。

置身其中的李嘉诚，凭着经营地产多年的实战经验，其实是看准此次地价会很快回升的，但是，王光英退出之后，李嘉诚不愿让人家感觉到他从中渔利，所以也就将这项物业赔本卖了。

事过不久，此项物业果然在地价回升中大赚。而看好地产发展趋势的李嘉诚并没有去挣这笔钱，因为在李嘉诚心中，始终有一个信念，朋友之间应该有个"义"字，赚就一起赚，赔就一起赔。

1999年初，李嘉诚在一个集团高层齐集的内部活动上，形容香港是"家乡根基所在"，将继续以香港为"重要投资基地，谨慎选择优质项目积极拓展"。李嘉诚的整篇演讲辞讲述的都是集团的"长期方针"，绝大部分都谈到香港。

李嘉诚以自己的行动实现了对香港经济发展做出的积极预测。他说，只要有合理回报，树上开花，香港永远都是他投资的首选之地。

第八章

谦逊勤俭

◆ 谨慎勤俭
◆ 生活简朴
◆ 豁达仁和
◆ 待人以诚

谨慎勤俭

李嘉诚的身边一直保存着他第一块手表的包装盒。"这里面没有珍宝，也没有秘密，但它却是一个教训。"他说。

这个教训可以回溯至1950年李嘉诚创业之初。还在经营塑料花业务的李嘉诚收到塑料花买家付款的一张期票，讲求信用的他随即给原料供应商开出一张期票作结数，希望到时买家支付的款项存入自己的账户后，供货商也可兑现李嘉诚的期票。

◎期票：一种信用凭证，由债务人签发的，载有一定金额，承诺在约定的期限由自己无条件地将所载金额支付给债权人的票据。债务人为出票人，债权人或持票人为受款人。

不巧的是，李的买家未能践诺，而并不富有的李嘉诚必须为自己的信誉东拼西凑，可惜仍未能凑足所需数目。幸好，他平时会随手把多余的硬币放在那个包装盒里，而这些无意间积攒(zǎn)的硬币竟凑足了不足之数。

这种由硬币付款到今天千亿现金的关联，外人很难理解。但对于李嘉诚而言，他能从5万元的积蓄和借款发展出12家总市值逾万亿港币的上市公司，究其根本，正是因为他能够从最微小的教训中学到避免犯大错误的方法——在与李嘉诚交流时，他总会将话题引向自己的青年时期，这或许说明，当年太多的事情留给他过于深刻的影响，57个国家的商业帝国，仍不免从过往的教训中汲取经验。以致于即使他

管理着一个业务遍布全世界的公司。

李嘉诚说，22岁他创立长江塑胶厂时，他"知道光凭能忍、任劳任怨的毅力已是低循环过时的观念，成功也许没有既定的方程式，失败的因子却显而易见，建立降低失败的架构，是步向成功的快捷方式。"回顾早年商业生涯，李嘉诚并非没有犯过错误，而他将这些错误提炼为新的人生哲学的能力，实在令人吃惊。

1950年，在其塑料花工厂成立时，为了节省微薄的租金，李嘉诚选择了一个货仓做工厂；不久之后，因香港连降暴雨，刚刚添置的塑胶机器被逐一泡坏，结果开业后不到两个月就需另觅厂房经营。李嘉诚并未以"运气不好"为由怨天尤人，而是开始思考，未来每做一件事，需将其种种环节考虑周全，并给自己留出余地。

日后，当他有钱买下一艘游艇，已经被训练得极为谨慎的李嘉诚定制了两个引擎（qíng）、两台发电机，以备不时之需。甚至，"如果两个都坏掉，我船上还有一个有马达的救生艇。"

李嘉诚并不认为名牌的货品一定是高成本制造出来，更不认为名牌可以提高个人身份和地位。

他认为，几百元的日本表，只要耐用准时，同几万元的高价表并无分别，多花钱就是浪费，所以，他现在戴的仍然是几百元的日本手表。

他还告诉朋友，他现在穿着的皮鞋，已经穿了7年，仍然没有抛弃，他还说，他穿的皮鞋，其实是塑胶面料的假皮，外表乌亮，不必经常擦鞋油，也可洁亮如新。漆胶面鞋比较焗脚，李嘉诚就选大一号的鞋，解决焗脚的问题。实用始终是李嘉诚的消费原则。

最近，李嘉诚添了一个男孙，记者问他如何庆祝？李嘉诚并没有豪华庆祝，他说："只是在家里加两个菜庆祝一下。"知悭识俭，自奉节约仍然是老一代潮州人的美德。

一次在取汽车钥匙时，李嘉诚不慎丢落一枚2元硬币，硬币滚到车底，当时他估计若汽车开动，硬币便会掉到坑渠里，李嘉诚及时蹲下身欲拾取；此时旁边一名印度籍值班见到，立即代他拾起。李嘉诚收回该硬币后，竟给他100元酬谢。李嘉诚对此的解释是：

"若我不拾该2元，让它滚到坑渠，这2元便会在世上消失。而100元给了值班，值班便可将之用去。我觉得钱可以用，但不可以浪费。"

✳ 生活简朴 ✳

李嘉诚跟别的富翁有两个最明显的区别，一是比他们更富有，二是十分简朴。

在前面我们也详细讲述过，在年轻时候，他每天清晨5点起床读书，8点开始工作，每星期7天都要上班，每天最少也要工作16小时，晚上还要看书或者去外面学东西，加上工厂人手不足，自己要身兼买货、接单、推销等众多的工作，每天都是超负荷工作。早上起床可以说是最艰难的时刻，所以他为自己准备了两个闹钟。为了干一番事业，出人头地，

他心甘情愿、任劳任怨，数年间从未踏足戏院、歌厅等娱乐场所，甚至为节省每一分钱，每隔三四个月才剪发一次，每次留的都几乎是光头，等头发把耳朵都挡住了再去理发店。

事业有成之后，他仍然过着简朴的生活。美国《财富》杂志刊登一篇《十亿美元巨富俱乐部》文章说："观察这些十亿富豪的用钱之道，可以说上了一节生活课。"有的"生活极为多姿多彩"；有的穷奢极欲，"笙歌夜夜，宾客满堂"；而李嘉诚呢，他的标志就是简朴。拥有110亿美元的他仍然住在20年前购置的一幢两层高的房子内。他手上戴的是普通手表，脚上穿的是普通皮鞋。

他虽然有昂贵的劳斯莱斯高级轿车，但平时很少用，更多的是乘坐公司普通轿车，有时甚至还坐的士。

◎劳斯莱斯汽车：是宝马公司旗下品牌。劳斯莱斯有限公司于1906年在英国正式宣告成立。次年推出的"银色魔鬼"轿车，不久便被誉为"世界上最好的汽车"。

李嘉诚讨厌人家对他恣意捧场，从不做生日。他曾对其秘书说："我几十年没做过生日。花五六十万元做生日也不成问题，但做生日要花一笔钱，作无谓应酬，太浪费了，太没意思了。"正因为这样，在香港知道他生日的人很少。

直到近年才开始有人在他生日那天送来巧克力糖，不过仅仅表示祝贺而已。

李嘉诚自称在1962年时的生活水平要比现在还高，但是他更喜欢现在简单的生活。

他每日6时起床，以打高尔夫球为一天的开始。他喜欢高尔夫球，每天早上在标准56杆小型高尔夫球场打完18个洞，还来得及9点钟上班。为了节约点滴时间，司机送他上班时，他就在车上浏览重要的中文报纸，了解国内外重大新闻。早餐通常是牛奶、咖啡和面包，午餐也是两三个便菜，碰到公务处理不完就在办公室边吃饭边工作。

他很少出去参加宴会，也基本不穿礼服，尽量减少应酬。他总是穿着笔挺的西装，像刚从西装店走出来似的，高高的个子，稳健的步伐，戴一副稳重的黑眼镜，永远仪容整洁、神采奕奕。由于他待人和蔼可亲，富有学者风度，曾被评为1981年香港十大仕男之一。

他平时最大的爱好就是与家人好友喝茶聊天或在节假日乘船出游，最能让他放松的事情莫过于周日坐在自己那艘58尺长的游艇上在海上遨游。

他喜欢打球、游泳、用通气管潜水摄影，爱好收藏古董钟表；但是因为事情太多，所以慢慢地已不再有兴趣搜集身外物了。他完全有能力换一艘更大更豪华的游艇，毕竟现在这艘十分不起眼，但是他认为这样却不能增添享受的乐趣。

"我喜欢清静简单的生活。"李嘉诚说。为了追求清静的生活情趣，他喜欢到诸如夏威夷等远离香港的地方去旅游，可以自由自在地穿着短裤在海滩上漫步，"而且没有人会认识你"，完全排除一切干扰。离开嘈杂的社会，换来片刻的宁静，缅怀往事，憧憬未来，其乐融融，其乐无穷!

李嘉诚还是个特别孝顺的人，这从他很小就知道为家里分忧、稍大一点就挑起家庭的重担就能看出来了。

　　后来，他捐资兴建潮安和潮州医院、香港李嘉诚专科诊所以及汕头大学医学院第一附属医院，其中主要的原因，就是为了纪念他深深怀念的父亲。因为父亲当年就是患肺病卧床不起，无力负担医疗费而病逝于香港。这悲惨的遭遇，使他深深地体验到贫病乡亲少医缺药的痛苦，希望通过赠建医院，使真正贫病的人得到完善的治疗。建立汕头大学，显然也能体现自己对父亲的怀念；父亲就是一名很称职的老师，家庭的影响使他从小热爱教育事业。他说："我深知老师们的辛勤，我对教育界特别尊重。"

　　在香港那个纸醉金迷、浮躁奢华的环境中，他严于律己，洁身自好，绝不把时间花在那些毫无意义的事情上。他艰苦奋斗了一辈子，已经60多岁了，但仍然勤奋工作，从不对自己放低要求，在香港被人称作"实干家"。也正是这严谨的工作态度、简朴的生活方式以及对父母的一片孝心，才能让他赢得世人的尊重。

豁达仁和

　　在20世纪50年代的第一年，李嘉诚自立门户，创办长江企业，但那只不过是一个小塑胶厂。从1958年到1964年，他才开始取得很大的成绩，成了"塑胶花玩具大王"。他凭借的是辛勤、智慧、才能、环境和机遇。

　　李嘉诚1958年开始问津地产业，成立长江地产公司；直到1972年7月，才成立长江实业有限公司；同年11月1日推出

长实股票上市，到1979年才成为名声卓著的"地产大王"。直至后来入主和黄，被评为香港的"风云人物"，位列香港首富。

这些都是媒体的评价及报道，究竟世人对李嘉诚先生有什么样的看法和评价呢？

有的人说："个人道德品质的高尚，再加上事业的成功，李嘉诚逐渐成为香港大众心目中的成功形象。"

也有的人说："李嘉诚和长实集团是香港社会一项宝贵且难以估量的财富。"

一对年过七旬的香港潮州籍老夫妻曾经说过这样的话："李嘉诚平易近人，和蔼可亲，家教甚好。很重视提高华人信誉，热爱乡土，希望中国强大富裕!我们有困难找到了他，他都会接见，尽力给予解决。他成了大富豪，也从没有见他用脸色和鼻孔使气!"老夫妻的话也许更有代表性。

李嘉诚在香港，经常以"一个普通平民身份"出现。他不喜欢出名，不喜欢出风头，不喜欢哗众取宠，不愿意出席剪彩仪式，不喜欢"曝光"。他懂得谦逊之道，遇事一贯低调处理。

李嘉诚先生第一次莅临汕头市，和广东省汕头市的领导人一起参加选择汕头大学校址的时候，他穿了一套朴素、整洁、得体的中山装。虽然那年他已经52岁了，但身材适中，身手矫健，嘴角始终挂着一丝舒心的微笑，文质彬彬，风度高雅，就像一个风华正茂的学者，斯文随和，很好接近。

李嘉诚先生第二次来到汕头，是1983年12月31日下午。它是来参加汕头大学的奠基典礼庆祝大会和奠基仪式的。在嘉宾中，有许多国内外知名高等学府的校长、教授，著名经济学家、汕头大学首任校长许涤新先生，广东省委书记和汕大筹委会主任吴南生先生等到机场迎接李嘉诚。当李嘉诚走下飞机舷梯时，一瞥见许校长在迎接他，他便赶紧微笑着走上前去久久地和他握手，那谦恭的姿态活像一个学者回国遇着久别重逢的恩师。

转眼间，到了1987年2月10日，他再一次来到汕头，参加汕头大学校董会的成立暨（jì）第一届第一次会议。是日中午，他乘飞机到达机场后，和他握过手的几个人都明显地感觉到，他的手心有些发烫，说话的鼻音明显加重了。李先生那天刚好感冒了，发烧还没退。那一年，香港的股市正面临着严重危机，他公务缠身格外忙碌。然而，为了汕大，他仍然抱病坚持前来参加会议，并且坚持研究工作直到深夜。休息没几个钟头，第二天上午又坚持着继续开会。

他太劳累了，再加上感冒和胃痛，他的脸色都变白了，但他仍然不动声色地打起精神坚持着。只是到了会议中间，他告诉工作人员他要吃胃药，需要几块饼干送药。工作人员在校园内的商店，很快地买到了唯一能买到的肇庆产的"菜汁饼干"来应急。李嘉诚离开了会议桌名誉主席的位子，在会议室一边的椅子上坐了下来，一口白开水一口饼干，一连吃了四五块之后，又吃了胃药。慢慢地，他刚才还紧缩的眉心舒展开来，苍白的脸色逐渐有所恢复。他打起精神又走回自己的座位，继续坚持着……事后，他非要交还买饼干的钱，工作人员跟他说，几块饼干，区区小事，实在不足挂齿，他才作罢。

李嘉诚越聚精会神于事业，越致力于对香港对祖国桑梓（zǐ）的无私奉献，就越追求"淡泊明志、宁静致远"的生活，以求得"内心的平和快乐"，待人处事都显出他的谦和大度和"低调"。

同时，李嘉诚很重朋友、重信用。每每有朋友托他办事，如果他答应说可以考虑，他必定会仔细考虑。如果这件事不可行，办不到，他就会当面和朋友说清楚。而一经答应的事，他一定会守承诺，把事情办好。

他很爱护自己的下属。在这一方面，它以身作则，也要求下属的职员、工人对公司的事业要忠心耿耿，要尽心尽力把事情做好。他经常想到的，是要为职员们谋福利。经常了解下属们的希望和想法，关心他们的生活和前途，甚至他们年老退休之后的生活保障……李嘉诚领导下的长实系财团的属下公司职员们的待遇，一般都比较高，所以，员工们离职的比例比较低。

李嘉诚关心爱护同事和职员们的事例很多，经常为人们所津津乐道。有一回，他听到某同事退休后，太太因病住进医院治疗，他当即想到该同事过去对公司所做的贡献和目前的困难，马上派秘书前往医院探望并送上数目不菲的慰问金。还有一回，他听到一位数十年前和他一起同甘共苦的老同事不幸生病辞世了，尽管已经多年没有联系了，但他在百忙之中仍然惦记着这件事，马上派人前去吊唁（yàn），慰问家属，还送去款项帮忙料理那位老同事的后事、家属及孩子的教育等事宜。

待人以诚

有一次，一批内地商人去香港，和李嘉诚吃了一次饭，感触非常大。李嘉诚当时76岁，是华人世界的财富状元，也是大陆商人的偶像。大家可以想象，这样的人会怎么样？一般伟大的人物都会等大家到来坐好，然后才会缓缓过来，讲几句话，如果要吃饭，他一定坐在主桌，有个名签，然后剩下的人中相对身份高的人会坐在他边上，其余人坐在其他桌，饭还没有吃完，李嘉诚就应该走了。如果他是这样，我们也不会怪他，因为他是身份高的人。

但令人非常感动的是，这些大陆商人进到电梯口，开电梯门的时候，李嘉诚在门口等他们，然后给他们发名片，这已经出乎这些大陆商人意料——就是李嘉诚的身家和地位已经不用名片了！但是他像做小买卖一样给这些人发名片。发名片后所有人一人抽了一个签，这个签就是一个号，就是照相站的位置，是随便抽的，当时有人想为什么照相还要抽签，后来才知道，这是用心良苦，为了大家都舒服，否则怎么站呢？

抽号照相后又抽个号，说是吃饭的位置，又为大家舒服。最后让李嘉诚说几句，他说也没有什么讲的，主要和大家见面，后来大家鼓掌让他讲，他就说我把生活当中的一些体会与大家分享吧。然后看着几个外国人，用英语讲了几句，又用粤语讲了几句，把全场的人都照顾到了。他讲的是"建立自我，追求无我"，就是让自己强大起来。建立自

我，追求无我，把自己融入到生活和社会当中，不要给大家压力，让大家感觉不到你的存在，来接纳你、喜欢你、欢迎你。之后这些人就吃饭。一个商人抽到的正好是挨着他隔一个人的位子，他以为可以就近聊天，但吃了一会儿，李嘉诚起来了，说抱歉我要到那个桌子坐一会儿。后来，人们发现李嘉诚在每一个桌子坐15分钟，总共4桌，每桌都只坐15分钟，正好一小时。临走的时候他说一定要与大家告别握手，每个人都要握到，包括边上的服务人员，然后又送大家到电梯口，直到电梯关上才走。这就是他的追求无我，显然，在这个过程中他都做到了。

几千年的中国商业文化认为——无商不奸，但这位凭借自己30年奋斗成家致富的人，认为"信"是商人的信条。

不只是商人，一个人和一个国家都是无信不立。

李嘉诚的事业将他在商业的"信"与他待人的"诚"紧密结合，合成为"义"，对于此，他身边的人感慨良多。

曾经有一个在李嘉诚公司工作了10年的会计，因为不幸患上青光眼，无法继续在公司上班，而且他早已花尽了额度之内的医疗费，生活面临着极大的困难。李嘉诚关心地询问会计：太太是否具有稳定的工作可以维持家庭生活？他支持他去看病，而且说，如果他的生活不够稳定，他可以担保他的太太在他的公司工作，使这家人不必

◎青光眼：是眼科一种疑难病，种类很多，常见的分急性和慢性两类，危害视力功能极大，是一种常见疾病。这种病必须紧急处理且采用手术较好。因瞳孔多少带有青绿色，故有此名。

再为生活奔波。

　　这位患病的会计经过医生的诊治，退休后定居在新西兰。本来这件事就应该这样结束，但更值得一提的是，每次李嘉诚从媒体上获知治疗青光眼的方法，都会叫人把文章寄给那个会计，希望对他有所帮助。他的行为使会计的全家都十分感动，那个会计的孩子尚处幼年，大概还没到十岁，为了表达全家对李嘉诚的感激之情，孩子自己动手画了一张薄薄的卡片，寄给李嘉诚，礼轻情谊重。由此可见李嘉诚优秀的人品。

1928年 7月29日出生于广东潮州，父亲是小学校长。

1932年 9月进入北门街观海寺小学读书。

1939年 全家逃难到香港投靠亲戚，年底进入香港的中学读初中。

1943年 李嘉诚被迫辍学走上社会谋生。

1944年 进入舅父的钟表行学修手表。

1945年 李嘉诚当时为一间玩具制造公司当推销员。

1948年 不到20岁的他便升任塑料玩具厂的总经理。

1950年 李嘉诚把握时机，用平时省吃俭用积蓄的7000美元在筲箕湾创办了自己的塑胶厂，他将它命名为"长江塑胶厂"。

1958年 李嘉诚在北角购入一块地皮，兴建一幢12层高大厦，正式介入地产市场。他独到的眼光和精明的开发策略使"长江"很快成为香港的一大地产发展和投资实业公司。

1963年 与庄月明女士结婚。

1964年 3月长子李泽钜出生。

1966年 10月次子李泽楷出生。

1967年 左派暴动，地价暴跌，李氏以低价购入大批土地储备。

1972年 "长江实业"上市，其股票被超额认购65倍。到70年代末期，他在同辈大亨中已排众而出。

1978年 与国家领导人邓小平会面。

1979年 "长江实业"宣布与汇丰银行达成协议，斥资6.2亿元，从汇丰集团购入老牌英资商行——"和记黄埔"22.4%的股权，李嘉诚因而成为首位收购英资商行的华人。

1984年 "长江实业"又购入"香港电灯公司"的控制性股权。

1986年 进军加拿大，购入赫斯基石油逾半数权益。

1987年 同李兆基、郑裕彤夺得温哥华世界博览会旧址发展权。

1990年 夫人庄月明女士逝世。

1994年 所管理的企业除税后赢利达28亿美元。

1995年 12月长江实业集团三家上市公司的市值已超过420亿美元。

| 1999年 | 长江实业集团除税后盈利达1,850亿港币。 |
| 2000年 | 长江实业集团总市值约为8,120亿港币。 |

历年得奖纪录

1981年	获委任为太平绅士。
1981年	获选为"香港风云人物"。
1986年	2月6日香港《信报》排出香港十大财团，长实系四家上市公司市值达343亿港币，名列榜首。
1986年	3月25日香港大学授予李嘉诚名誉法学博士。
1986年	被比利时国王封为勋爵。
1989年	1月1日获英女皇颁发的CBE勋衔。
1989年	6月获加拿大卡加里大学授予的名誉法学博士学位。
1990年	12月15日港督卫奕信向李嘉诚颁发"商业成就奖"。
1992年	4月28日北京大学授予李嘉诚名誉博士称号。
1994年	被评选为1993年度香港商界"风云人物"。
1994年	11月22日获《亚洲周刊》颁发的首届"企业家成就奖"。
1995年	12月1日成为香港"国际潮团联谊会"名誉主席。
1996年	第三期《资本》杂志公布香港华人富豪榜，长实系三间上市公司市值3,250亿港币，占全港上市公司总市值的13.7%，居华人财团榜首；个人资产600亿港币，并列全港华人第2名。
1999年	《福布斯》世界富豪排名位列第十，是亚洲首富。
1999年	4月被英国《泰晤士报》选为千禧年企业家年奖大奖。
1999年	5月被《亚洲周刊》评选为亚洲区50位最具权力人物之一。
1999年	获英国剑桥大学荣誉法学博士。

公益事业

1979年	与霍英东等人出任中国国际信托投资董事。
1985年	出任基本法起草委员。
1992年	被聘为港事顾问。
1995～1997年	出任特区筹备委员会委员。

李嘉诚 生平大事年表